스마트 클래스를 꿈꾸는 선생님들을 위한
초등 온라인 수업 가이드

스마트 클래스를 꿈꾸는 선생님들을 위한
초등 온라인 수업 가이드

지은이 김켈리(김은영)
펴낸이 임상진
펴낸곳 (주)넥서스

초판 1쇄 인쇄 2021년 3월 29일
초판 1쇄 발행 2021년 4월 5일

출판신고 1992년 4월 3일 제311-2002-2호
주소 10880 경기도 파주시 지목로 5
전화 (02)330-5500 팩스 (02)330-5555
ISBN 979-11-6683-014-3 13370

www.nexusbook.com

스마트 클래스를 꿈꾸는 선생님들을 위한

초등 온라인 수업 가이드

김켈리 지음

넥서스

온라인 수업 역사의 시작

▶ 온라인 수업은 어떻게 시작되었나

2020년 3월의 마지막 날, 드디어 기다리고 기다리던 교육부 장관의 발표 날이 되었습니다. '우리는 이제 어떻게 되는 거지? 학교엔 갈 수 있는 걸까?' 하며 떨리는 마음으로 뉴스를 시청했습니다.

올해는 또 어떤 학생들이 우리 반에 올까, 어떤 새로운 선생님과 친구들을 만날까, 선생님도 학생들도 설레는 마음으로 개학을 기다려 왔습니다. 하지만 코로나 바이러스는 우리의 기대를 산산조각 내 버렸습니다. 특히나 초등학교 1학년 아이들은 평생 추억에 남을 유치원 졸업식도, 첫 학교 입학식도 치르지 못한 비운의 세대가 되었습니다. 입학식 때 메고 가려고 사 둔 예쁜 가방은 먼지만 뽀얗게 쌓여 가는 중이었죠. '우리 아이들 공부도 못 하고 집에서 놀기만 하게 이렇게 두어도 되는 겁니까?' '코로나 때문에 학교 보내기도 위험한데 그냥 이참에 깔끔하게 9월 학기제로 시작합시다!' '그럼 당장 고3 아이들 수능은 어떡합니까?' 가뜩이나 교육열이 높고 입시 제도에 민감한 한국에서 학교가 문을 닫으니 포털 사이트마다 사람들의 아우성이 가득했습니다. 그래서 교육부가 어떤 결정을 내리느냐가 초미의 관심사가 되었습니다. 단상에 선 교육부 장관이 드디어 입을 열었습니다.

"4월 9일부터 단계적으로 전국의 모든 초·중·고등학교에서 처음으로 온라인 개학 방식을 도입해 신학기를 시작하겠습니다."

순간 눈이 번쩍 떠지고 띵 하고 머리를 얻어맞은 듯한 느낌이 들었습니다. '온라인 개학? 그게 뭐지? 뭐 어떻게 하겠다는 거야?'

깜짝 놀라 잠시 아무 생각도 하지 못했습니다. 그런데 저만 놀란 건 아니었나 봅니다. 뉴스 속보에는 무서운 속도로 댓글이 달리기 시작했습니다. 너무나 갑작스러운 발표에 학교 선생님들의 카카오톡 단체 대화방에서도 끊임없이 알람이 울렸습니다. 그렇게 많은 사람의 놀람과 충격 속에 2020년 4월, 첫 온라인 수업 시대가 막을 열었습니다.

▶ 선생님의 새로운 도전

'온라인 개학이 시작되고 선생님들은 어떠셨나요?'라고 물으신다면, 잠시 숨을 고르고 이야기를 해 보겠습니다.

그때는 정말 말 그대로 대혼란의 시대였습니다. 예고도 없이 훅 하고 날아든 갑작스러운 온라인 개학 발표에 신규 교사들은 물론이고 경력 많은 베테랑 교사들까지 큰 충격에 빠졌습니다. 그 이후에도 교육부는 여러 번 지침을 수정했고, 그때마다 뉴스 기사를 통해 수정 사항을 발표했습니다. 학교 선생님들은 오늘도 '네이버 공문'을 받았다며 허탈해했고,

몇 분은 절망스러운 표정을 지었습니다. 왜냐하면 새로운 지침이 나올 때마다 밤새워 짠 교육과정을 갈아엎어야 했기 때문입니다. 같은 일을 여러 번 겪은 이후에는 새로운 발표가 나도 "아니야. 이거 분명히 또 바뀌어! 나 이번엔 절대로 안 고쳐!"라며 고개를 내저었습니다. 하지만 우리 선생님들, 말은 그렇게 하면서도 또 어떻게 교육과정을 바꿔야 할지 머리를 싸매었습니다.

어찌 됐든 개학 일정이 다가오니 이제는 정말 발등에 불이 떨어졌습니다. 당장 어떻게 온라인 수업을 해야 할지 선생님들의 걱정이 날로 커졌습니다. 그동안 다들 열심히 학급 경영과 수업 노하우를 쌓아 왔지만, 온라인에서 강의를 하거나 수업 영상을 제작해 본 사람은 극히 드물었습니다. EBS나 교원 연수 강사가 아니고서야 온라인에서 수업할 일은 특별히 없었으니까요. 심지어 강의 활동을 해 온 선생님들에게도 실시간 쌍방향 원격 수업은 신세계였습니다. 지금은 우리 모두에게 너무나 익숙한 이름이지만 처음엔 다들 "줌(Zoom)? 줌이 뭐야?" 하고 어리둥절해 했습니다.

교육부 발표가 나고 며칠 후 교사 커뮤니티 게시판에 이런 글이 올라왔습니다. '저는 약 이십 년간 교직에 몸담았습니다. 언젠가부터 수업에도 학급 경영에도 자신감이 생겼어요. 매년 아이들과 학부모님들께 인정받으면서 자부심도 생겼었는데 아이들이 학교에 오지 않는 지금, 제가 할 수 있는 일이 아무것도 없는 것 같습니다.' 이 짧은 문장을 읽었을 뿐인데, 순간 찌릿 하고 가슴이 아파 왔습니다. 베테랑 선생님이 온라인 수업의 벽 앞에서 느낀 무력감과 좌절감이 너무나 크게 와닿았거든요.

또 하루는 제가 평소 존경하던 선생님 반에 찾아갔는데 선생님이 이런 말씀을 하시더군요. "어제 내가 e-학습터에 수업 동영상을 올리려고 했는데 '썸네일(영상의 표지 이미지)'을 등록하라는 창이 떴거든? 근데 '썸네일'이 무슨 말인지 몰라서 한참 헤맸잖아, 하하하." 선생님께서 웃으며 말씀하셔서 저도 함께 웃었지만 차마 크게 웃을 수는 없었습니다.

솔직히 저는 제 개인 유튜브 채널을 운영하며 영상 편집도 많이 했고, 어릴 때 컴퓨터를 따로 조금 배웠던 터라 온라인 수업으로의 변화가 크게 두렵지는 않았습니다. 수업 영상은 평소처럼 계획을 짜서 만들면 되고, 실시간 쌍방향 수업도 배우면 금방 할 수 있을 거라는 근거 없는 자신감이 있었거든요. 하지만 평소에 컴퓨터나 기기 조작에 능숙하지 않은 선생님들께서는 과연 이 변화에 적응할 수 있을까 하는 걱정이 조금 들었습니다.

하지만 걱정이 무색하게도 배움에는 나이가 없다는 말이 사실이었습니다. 수많은 선생님들께서 온라인 수업 관련 연수를 듣고, 유튜브로 영상 편집을 독학하며 변화에 빠르게 적응해 나갔습니다. 그 증거로 제 온라인 수업 브이로그 영상에 달린 댓글 하나를 공개합니다.

쌤 영상 늘 유쾌하게 보다가 처음으로 댓글 남겨요. 온라인 수업때문에 영상 세계에 발을 디디고 잠이 부족해지고 체력이 바닥 났어요. 하지만 아이들 눈이 높아져서 멈출 수 없다는 것이 스스로 파 놓은 함정이 돼버렸어요. 저는 아이패드로 컨텐츠 만드는데 한번 작업 시작하면 8~9시간은 푹 그리고 있어야해서 내년에 50을 바라보는 몸뚱이가 말을 안듣네요^^ 그래도 이 나이에 시작한 도전들이 재밌네요. 아이들이 학습 효과가 좋다고 해서 흐뭇하기도 하구요. 고생하는 보람은 있어요. 우리 조금 더 힘내요😊

답글   답글 1개 ∧   👍 2   👎   ↩

저는 이 댓글을 읽고 우리 선생님들의 열정이 정말 대단하다고 생각했습니다. 사실 이 선생님께서는 노력한 만큼 아이들의 반응이 좋아 보람을 느꼈다고 했지만, 노력이 항상 좋은 결과로 보답받는 것은 아니지요.

실제론 안타까운 사례들이 더 많이 있습니다. 다른 선생님들의 후기를 보면 밤을 새워 힘들게 영상을 만들었는데, 학생들이 재미없다고 하거나 아예 보지도 않는 경우도 많았다며 허탈해했습니다. '너희 어떻게 나한 테 이럴 수 있니?' 하고 아이들이 야속하게 느껴지다가도, 유튜브 메인에 뜬 화려하고 재미있는 영상들을 보니 아이들의 마음이 이해가 됩니다.

이렇게 되면 '온라인 개학, 애초에 내가 원해서 시작한 것도 아니야. 나름대로 열심히 해 보려고 했는데 아이들 반응도 안 좋고, 그냥 대충 하자.' 하고 포기하고 싶어질 겁니다. 하지만 선생님들은 쉽게 포기하지 않았습니다. 계속 좋은 자료를 찾아 영상을 만들고, 새로운 온라인 수업 도구를 연구하고, 자신의 아이디어와 경험담을 다른 선생님들과 공유했습니다.

선생님들의 끝없는 도전과 노력의 원동력은 과연 무엇이었을까요? 그 원동력은 바로 어려운 상황 속에서도 내가 맡은 학생들을 잘 가르치고 싶다는 선생님들의 열정과 책임감, 그리고 학생들을 향한 사랑이 아닐까 생각해 봅니다. 아마 지금 이 책을 읽고 계신 여러분도 같은 마음을 가지고 이 책을 집어 든 것이 아닐까요?

▶ 왜 우리는 온라인 수업 전문가가 되어야 하는가?

여러분은 처음 코로나 사태가 터졌을 때 이 상황이 언제까지 갈 거라고 생각하셨나요? 많은 이들은 몇 달만 버티면 다시 이전과 같이 돌아갈 수 있을 것이라 믿었습니다. 하지만 그 예상은 완전히 빗나갔죠. 전국의 학교들이 1년이 넘도록 온라인 수업으로 학사 일정을 이어 가고 있고 심지어 졸업식도 온라인으로 진행했습니다.

2020년 4월, 교육부의 발표에 따라 모든 학교에서 온라인 수업이 시작되었지만, 그 시작이 말처럼 쉽고 간단한 것은 아니었습니다. 특히 초등학생들은 컴퓨터를 잘 다루지 못해 부모님이 하나부터 열까지 도와줘야 하는 상황이 벌어졌고 심지어 '엄마 개학'이라는 말까지 유행했습니다. 하지만 우여곡절 끝에 한 학기가 지나고 나니 많은 학생들이 온라인 수업에 적응한 듯 보입니다.

직장인들도 재택 근무와 화상 회의를 경험하면서 비대면 업무 방식은 우리 사회에 빠르게 정착했습니다. 물론 불편한 점들도 많이 있지만 비대면 학습과 업무 방식의 편리함과 효율성을 느낀 사람들은 코로나가 사라진 후에도 계속 이 방식을 활용할 수 있을 것이라 말합니다. 교육부 또한 앞으로도 계속해서 온-오프라인이 결합된 블렌디드 러닝을 장려하고 미래형 학습 모형을 개발해 나가겠다고 발표했지요. 이제 원격 수업이 하나의 교육 방식으로 우리 사회에 온전히 자리 잡은 것입니다. 따라서 교사들은 대면 수업뿐만 아니라 온라인 수업에 있어서도 전문가가 되어야 합니다. 교사들이 온라인 수업 전문가가 된다면 다음과 같은 장점이 있습니다.

첫째, 코로나 19와 같은 위기 상황에 대면 수업이 중단되어도 교육 활동을 체계적으로 이어 나갈 수 있습니다.

둘째, 온라인, 오프라인 수업의 장점을 결합한 블렌디드 수업을 구성하여 학생들이 주체적으로 참여하는 학습 환경을 조성할 수 있습니다.

셋째, 신체적·정신적 문제 등으로 일반적인 학교 생활이 불가능한 학생들에게도 온라인 학습을 활용해 더 나은 학습 기회를 제공할 수 있습니다.

그러므로 교사들이 온라인 수업 능력을 갖추고 블렌디드 수업 방식을 꾸준히 개발해 나간다면 미래에 예상치 못한 위기 상황이 발생하거나 학생의 개인적 문제로 대면 수업이 불가능한 상황이 발생해도 학교 교육을 차질 없이 이어 나갈 수 있을 것입니다. 또 대면 수업이 이루어지는 일상 속에서도 온라인 수업을 적절하게 활용한다면 학생 활동 중심의 프로젝트 학습, 토의 토론 수업, 교과 융합 수업 등 다양한 시도를 통해 우리 학생들의 창의력과 사고력을 높일 수 있을 것입니다.

▶ 학교 온라인 수업의 지향점

온라인 개학이 시작되고 많은 교사들이 충격에 빠져 있었을 때, 사교육 시장은 발 빠르게 온라인 수업 방식을 연구하고 커리큘럼을 수정하여 강의를 이어 나갔습니다. 학원에서 학생들의 수강률은 강사들의 생계와 바로 이어지는 문제이기 때문에 변화 속도가 남달랐지요. 이때 공교육은 사교육에 비해 훨씬 뒤쳐지고 있다며 대중들로부터 많은 비판을 받기도 했습니다. 하지만 온라인 수업이 도입되고 약 1년이 지난 지금, 교사들이 내놓은 온라인 수업 아이디어와 자료들을 살펴보면 놀라운 점들이 많습니다.

사실 학교와 학원의 교육 목표에는 분명한 차이가 있습니다. 학원은 학생들이 빠르고 효율적으로 특정 과목의 지식을 쌓을 수 있게 돕고, 성적을 높이는 데 더 많이 주목합니다. 하지만 학교는 학생들이 전 교과에 걸쳐 기초 지식을 습득할 뿐만 아니라 자신이 좋아하고 잘하는 것을 발견하고, 다른 사람들과 함께 활동하며 배려와 나눔을 실천하여 올바른 가치관을 형성해 나가도록 교육하는 곳입니다.

따라서 교사들은 온라인 수업에서 효과적으로 지식을 전달할 수 있는 방법뿐만 아니라 학생들이 적극적으로 상호 작용할 수 있는 놀이 및 수업 활동, 개별 피드백을 제공할 수 있는 평가 방법 등 다양한 분야의 연구를 해 나가고 있습니다.

온라인 수업이 처음 시행될 당시 많은 선생님들은 영상을 편집하는 방법과 실시간 쌍방향 원격 수업 도구를 배우는 데 초점을 맞추었습니다. 교사들의 수요가 높아지자 다양한 기업에서 수업 관련 도구들을 개발해 냈고, 교사들은 연일 새로운 기술과 프로그램들을 배우느라 많은 시간을 보냈습니다.

하지만 제가 직접 1년간 다양한 유형의 온라인 수업을 진행해 보니, 너무 화려한 영상 편집은 지나치게 많은 시간이 들어 지속 가능성이 낮았고, 실시간 쌍방향 수업에서도 너무 많은 프로그램을 사용하면 기계적 오류가 발생하거나 학생들의 심리적 부담이 커져 수업 진행에 방해가 될 때가 많았습니다.

즉 학교 온라인 수업에서 중요한 것은 얼마나 많은 프로그램이나 화려한 기술을 사용하느냐가 아니라 어떻게 하면 더 쉽고 간단한 방법으로 학생들과 적극적으로 소통할 수 있을지, 단 한 가지 활동을 제시하더라도 어떻게 하면 학생들이 충분히 몰입하고 교육 목표를 성취하도록 이끌어 낼 수 있을지 그 방법을 끊임없이 고민하고 연구하는 것이라는 생각이 들었습니다. 앞으로도 이 점에 유의하여 전국의 많은 교사들이 서로의 아이디어를 공유하고 함께 배워 나간다면 온라인 수업의 한계를 극복하고 학생들과 더 알차고 즐거운 수업을 해 나갈 수 있을 것이란 생각이 듭니다.

이 책에서는 제가 그동안 공부하고 경험해 왔던 다양한 온라인 수업 관련 정보를 나눌 것이며, 여러 선생님들과 함께 온라인 수업을 연구하고 발전시켜 나가는 데 작게나마 힘을 보태고 싶습니다.

PART 4
〈 실시간 쌍방향 수업 진행하기 〉

◀◀ ▶ ❚❚ ■ ▶▶

PART 5
〈 온라인 학급 경영하기 〉

◀◀ ▶ ❚❚ ■ ▶▶

가장 먼저 온라인 수업의 유형과 특징을 살펴보겠습니다.
유형에 따른 특징을 파악하면 수업 계획을 세우는 데 많은 도움이 됩니다.
온라인 수업은 대면 수업보다 제약이 많기 때문에 미리 수업 계획을 짜야
하는데, 수업 유형별 특징을 이해하면 어떤 유형으로 진행하는 것이 좋을지
판단할 수 있습니다. 컴퓨터 활용 능력에 따라 자신에게 적합한 방식을
택하면 더 효율적으로 수업 준비를 할 수 있습니다.

Part 1

온라인 수업에
발 내딛기

01

온라인 수업의 유형과
장단점 알기

가장 먼저 온라인 수업의 유형과 특징을 살펴보겠습니다. 유형에 따른 특징을 파악하면 수업 계획을 세우는 데 많은 도움이 됩니다. 온라인 수업은 대면 수업보다 제약이 많기 때문에 미리 수업 계획을 짜야 하는데, 수업 유형별 특징을 이해하면 어떤 유형으로 진행하는 것이 좋을지 판단할 수 있습니다. 컴퓨터 활용 능력에 따라 자신에게 적합한 방식을 택하면 더 효율적으로 수업 준비를 할 수 있습니다.

실시간 쌍방향 수업

Zoom, 구글 Meet, e학습터 화상 수업 등의 실시간 원격 수업 플랫폼을 활용하여 교사와 학생이 같은 시간에 만나 실시간으로 화상 수업이 이루어지는 유형입니다.

🔘 실시간 쌍방향 수업의 장점

실시간 쌍방향 수업의 장점은 학생들과 즉각적인 소통이 가능하다는 것입니다. 아이들의 얼굴을 보며 상태를 확인할 수 있고 실제 말이나 채팅으로 이야기를 주고받을 수 있어서 학생들과 정서적 유대감을 쌓는 데 가장 좋은 온라인 수업 방법입니다. 학생들이 실제 학교에 가듯이 수업 시간을 지켜 접속해야 하기 때문에 온라인 수업 기간에 생활 패턴이 무너지는 것을 방지할 수 있습니다. 그래서 많은 학부모님들이 가장 선호하는 유형입니다. (물론, 이 유형을 싫어하는 부모님도 있습니다.)

쌍방향 수업은 어려울 것 같다는 인식이 강하지만 강의식 수업을 진행할 경우에는 실시간 쌍방향 수업이 가장 대면 수업과 가깝다는 느낌을 받을 수 있습니다. 실제 칠판 앞에서 수업하는 모습을 카메라에 비추거나, 실물 화상기를 이용해 문제를 푸는 과정을 직접 보여 주며 설명할 수 있기 때문입니다. 따라서 컴퓨터를 잘 다루지 못하는 선생님들에겐 오히려 실시간 쌍방향 수업이 가장 쉬운 방법이 될 수도 있습니다.

화상 회의 플랫폼에서 제공하는 기능들을 잘 활용하면 수업에 많은 도움이 됩니다. 화면 공유 기능을 활용하면 선생님이 PPT나 영상 등 다양한 수업 자료를 보여 주면서 설명할 수 있습니다. 학생들도 자신의 과제물을 보여 주며 발표 활동에 참여할 수 있습니다. 화면에 글을 입력하거나 그림을 그릴 수 있는 주석 기능, 간단한 설문·투표 기능, 소그룹으로 방을 나눌 수 있는 소회의실 기능 등을 활용하면 온라인으로도 학생 참여 중심의 다양한 수업 활동을 진행할 수 있습니다. 이 외에도 여러 사람이 동시에 작업할 수 있는 온라인 플랫폼(패들렛, 구글 문서 등)을 함께 활용하면 학생들 간의 상호 작용을 활발하게 할 수도 있습니다.

◖◗ 실시간 쌍방향 수업의 단점

　실시간 쌍방향 수업의 단점은 기기 및 프로그램 조작에 어려움을 느낄 수 있고 심리적 부담이 크다는 것입니다. 어른인 선생님들조차 화상 회의 플랫폼을 처음 접하면 조작법이 복잡하고 어렵다는 느낌을 받는데, 학생들은 어떨까요? 수업에 접속하는 방법부터 카메라, 마이크 설치 및 조작 등 많은 부분에서 어려움을 느끼고 어른의 도움을 필요로 합니다. 특히, 저학년 학생들은 부모님이 도와주지 않으면 실시간 쌍방향 수업을 진행하는 데 많은 어려움이 있어 맞벌이 가정들은 걱정이 큽니다.

　수업 환경은 PC를 사용하는 것이 가장 좋지만 학생들은 스마트폰이나 태블릿으로 접속하는 비율이 거의 절반이고 학기 초 각 가정에 수업 환경을 구축하는 데도 시간이 꽤 걸립니다. 수업을 진행하다 보면 어떤 학생들은 카메라나 마이크 작동이 안 된다며 수업 활동에 지장을 주는 경우가 자주 발생합니다. 특히 마이크 문제가 가장 많습니다. 학생에게 발표를 시켰더니 1분이 넘도록 마이크를 켜지 못해서 수업 흐름이 뚝 끊겨 버리거나, 발표 후에 음소거를 제대로 하지 않아서 큰 소음이 발생하여 수업을 방해받는 경우도 많았습니다. 에러도 자주 발생하는데 인터넷 상태가 불안정할 경우 선생님의 화면과 목소리가 끊겨서 수업 내용이 제대로 전달되지 않거나 갑자기 프로그램이 꺼져 버려서 학생이 들락날락하는 모습을 볼 수도 있었습니다. 또, 평소에 수업을 할 때 학생들에게 학습 주제와 관련된 영상을 보여 주고 진행하는 경우가 많은데, '화면 공유' 기능으로 영상을 보여 주면 끊김 현상이 빈번하게 발생하고 비디오와 오디오의 속도가 맞지 않아 영상 자료를 활용하는 데 제약이 많습니다.

또 다른 문제는 많은 선생님들과 학생들이 화상 수업에 큰 심리적 부담을 느낀다는 것입니다. 실시간 쌍방향 수업을 쉽게 도입하지 못한 이유 중 하나가 심리적 부담감 때문입니다. 선생님들은 매 수업마다 학생들의 가족 앞에서 공개 수업을 하는 듯한 부담감과, 혹시나 자신의 모습이 녹화나 캡처가 되어 다른 곳으로 유출되지는 않을까 하는 걱정이 큽니다. 학생들은 반 친구들과 화상으로 만나는 게 어색하고, 화면에 계속 얼굴을 비추는 것을 부담스러워하기도 합니다. 그래서 수업 중에 카메라가 우수수 꺼지거나, 아이들 정수리 구경만 실컷 하게 되는 경우도 있습니다. 또, 대면 수업에 비해 발표도 선뜻 하지 않습니다. 그래도 수업에 참가만 하면 다행입니다. 학생들이 수업에 제때 접속하지 않아 모두 불러 모으는 데만 10분 이상이 소요되는 경우도 많았습니다. 출석 관리가 잘 되지 않는 학생은 수업을 잘 듣지 못하게 되고 이후 학습 결손이 생기기 쉽습니다.

콘텐츠 활용 중심 수업

교사가 녹화된 강의 영상이나 PPT 등 학습 콘텐츠를 e학습터, 구글 클래스룸과 같은 학습 관리 시스템(LMS)을 통해 제공하면 학생들이 그 콘텐츠를 활용해 학습하는 유형입니다.

⬤ 콘텐츠 활용 중심 수업의 장점

콘텐츠 활용 중심 수업의 장점은 시간과 공간의 제약 없이 학생들이 혼자서도 학습을 진행할 수 있다는 것입니다. 학생들이 하루 중 자신이 원하는 시간에 수업을 들을 수 있고, 이해가 되지 않는 부분은 돌려 가며 반복적으로 시청할 수 있어 학습 집중도 및 이해도를 높이는 데 도움이 됩니다. 실제로 중·고등학교의 경우에는 학습 열의가 높은 학생들이 선생님의 수업 영상을 여러 번 돌려 보며 학습하고, 잘 이해가 되지 않는 부분은 직접 질문하고 피드백을 받아 온라인 수업 시행 이전에 비해 성적이 대폭 향상된 사례가 여럿 있었습니다. 영상의 길이가 실제 수업과 비교하면 훨씬 짧기 때문에 자기 주도적 학습을 잘하는 학생들은 학교 수업을 빨리 다 듣고 자기 시간을 더 많이 가질 수 있어 이 수업 유형을 더 선호하기도 합니다. 콘텐츠 활용 중심 수업에서는 교과 지식을 전달하기 위한 용도로 '수업 영상'을 많이 활용하는데 좋은 교육 자료들을 찾아 적절히 조합하고, 선생님이 직접 설명을 덧붙이면 효과적인 수업 자료를 만들 수 있습니다.

학생들의 수준차가 큰 경우엔 각자의 수준에 맞는 다양한 자료를 제공해 수준별 학습을 진행할 수도 있습니다. 이렇게 학생들이 콘텐츠를 활용해 가정에서 미리 학습을 하고 오면 대면 수업 때는 배운 지식을 실제로 응용하고 적용하는 활동을 진행할 수 있어 학생 참여형 수업을 확대할 수 있다는 장점도 있습니다. 또 자료를 제작할 때 선생님이 자신의 모습이나 목소리를 담아 학생들에게 인사말이나 학습 독려 메시지를 전달하면 대면 수업이 불가능한 상황에서도 학생들이 선생님에게 친밀감을 느낄 수 있습니다.

이 외에도 학생들의 학습 완료도나 과제 제출 상태를 체크할 수 있는 플랫폼을 사용할 수 있어 학생 출석 확인 및 학습 관리를 좀 더 쉽게 할 수 있습니다.

⬤▶ 콘텐츠 활용 중심 수업의 단점

콘텐츠 활용 중심 수업의 단점은 교과 지식을 전달하는 데 초점이 맞춰져 있어 강의식 수업이 주를 이루고, 학생들에게 즉각적인 피드백을 제공할 수 없다는 것입니다. 또 교사-학생, 학생-학생 간의 직접적인 상호 작용이 거의 일어나지 않기 때문에 학급 구성원들 간의 라포가 형성되기 매우 어렵습니다. 우리가 인터넷 강의를 듣는다고 해서 그 강사나 다른 수강생들과 친해지는 것은 아닌 것과 같습니다. 또한, 자기 주도적 학습 능력이 잘 갖춰지지 않은 학생들은 영상에 제대로 집중하지 못해 학습 목표에 도달하지 못하는 경우가 자주 발생합니다. 심지어 한 학생이 "난 온라인 수업 영상 틀어 놓고 밥 먹고 와."라고 친구에게 말하는 것을 들은 적도 있습니다. 초등학생도 이런데 중·고등학교 학생들은 더 많은 고급 기술을 가지고 있겠지요?

이렇게 온라인 수업을 제대로 듣지 않는 상태가 오래 지속되면 점점 이해하지 못하는 내용이 늘어나 학습에 흥미를 잃고 아예 수업에 참여하지 않게 되기도 합니다. 선생님이 전화를 해서 따로 지도를 해도 결국 학습은 집에서 이루어지기 때문에 부모님의 관리가 잘 이루어지지 않으면 학습 과정에서 이탈하는 학생들이 쉽게 나타납니다. 하지만 부모님들도 아이들의 학습을 관리하는 과정에서 갈등이 자주 생기니 부담감을 느끼고 많이 힘들어합니다.

또, 원하는 때에 수업을 들을 수 있는 자율성이 학생들의 생활 습관을 무너뜨리는 원인이 되기도 합니다. 학교에 가지 않을 경우 학생들은 스스로 계획을 세워 규칙적으로 생활하는 것에 어려움을 느끼기 때문에 계속 늦게 일어나고 게을러집니다.

교사들의 입장에서 가장 힘든 점은 영상 제작에 대한 부담감입니다. 수업 영상을 교사가 직접 제작할 경우 촬영 및 편집 방법을 배워야 한다는 부담이 있고, 영상 속에서 제시할 수 있는 수업 활동도 매우 한정적입니다. 영상의 수준을 높이려고 노력하면 할수록 제작 시간이 길어져 수업 준비 부담이 지나치게 커지는 문제가 생깁니다.

과제 수행 중심 수업

교사가 교과별 성취 기준에 따라 과제를 제시하고 피드백을 제공하는 유형입니다. 이 유형은 단독으로 활용되기보다 다른 유형의 수업과 함께 활용되는 경우가 많습니다.

◐ 과제 수행 중심 수업의 장점

과제 수행 중심 수업은 다른 유형의 수업과 함께 활용할 때 가장 효과가 좋습니다. 예를 들어 수업 영상을 제공한 후 학습한 내용을 확인할 수 있는 퀴즈나 수행 과제를 내면 학생들의 학습 효과 및 이해도를 높일 수 있습니다. 퀴즈 문제는 관련 온라인 플랫폼을 활용하면(띵커벨, 카훗, 구글 설문지 등) 학생들의 참여 여부 및 분석 결과를 한눈에 확인할 수 있습니다. 교사는 과제물을 확인하여 학생들의 학습 목표 도달도를 파악하고 그에 맞는 피드백을 제공할 수 있으며, 많은 학생들이 이해하지 못한 부분을 발견하면 다음 수업 계획에 반영할 수도 있습니다. 또, 수업 내용에 따라 프로젝트 학습 과제를 제시하면 깊이 있는 학습 활동이 이루어질 수 있습니다. (특정 주제에 관한 조사 보고서 만들기 등)

◉ 과제 수행 중심 수업의 단점

　과제 수행 중심 수업은 학생 스스로 새로운 지식을 학습하기에는 어려운 수업 방식입니다. 다른 유형의 수업에서 미리 지식적인 부분에 대한 지도가 이루어지지 않으면 학생들이 학습 목표에 도달하기 어렵습니다. 그리고 실제 과제 검사를 해 보면 가정에서 얼마나 관심을 가지고 지도를 해 주느냐에 따라 학생들의 과제 수행 수준이 차이가 많이 납니다. 그래서 교육부에서는 교사가 직접 학생이 평가 과제를 수행하는 모습을 관찰할 수 없는 경우에는 그 내용을 평가에 포함시키지 못하도록 규정했습니다. 이 유형은 학급 구성원 간에 직접적이고 활발한 상호 작용이 일어나기 어렵고, 즉각적인 피드백을 제공하는 데 한계가 있습니다.

02

온라인 수업을 계획할 때 유의할 점

온라인 수업을 효과적으로 진행하기 위해서는 수업뿐만 아니라 그와 관련된 다양한 요소들을 고려하여 계획을 세워야 합니다. 그 요소들을 분류해 보면 온라인 수업을 하기 위한 환경을 구축하는 환경적 측면, 출결 확인이나 평가와 같은 온라인 수업 관련 제도를 이해하는 제도적 측면, 실제 온라인 수업 운영을 위해 고려해야 할 부분을 아는 수업 운영적 측면으로 나눌 수 있습니다.

환경적 측면

온라인 수업을 하기 위해서는 먼저 학교와 학생의 가정 모두 온라인 수업을 하기 위한 환경을 구축해야 합니다.

◯● 온라인 수업 환경 구축

학교에서는 교사들이 PC와 웹캠, 마이크를 갖추도록 지원하고 어떤 방식으로 수업을 할 것인지 선택합니다. 콘텐츠 제공형 수업이나 실시간 쌍방향 수업을 할 경우, 각각 어떤 플랫폼을 활용할 것인지도 결정해야 합니다. 이때 플랫폼 선택 기준은 교사가 학생을 관리하고 수업 자료 및 과제 제시를 하는 데 어떤 플랫폼이 더 수월한지, 학생 입장에서 어떤 플랫폼이 더 가입하기 쉽고 이용하기 쉬운지, 어떤 플랫폼이 보안이나 에러 문제가 적은지 등이 됩니다.

학교에서 온라인 수업 방식을 결정하고 안내하면 학생들의 가정에서도 온라인 수업 환경을 구축해야 합니다. 학교에서 지정한 플랫폼에 가입하여 계정을 생성하고, 수업을 들을 수 있는 기기를 마련해야 합니다. 저소득층 가정이나 다자녀 가정은 학교에서 태블릿 PC를 지원하기도 합니다. 이 과정이 생각보다 오래 걸리기 때문에 교사들은 학기 초에 학생들이 온라인 수업을 진행하는 데 불편함이 없도록 미리 준비해 두어야 합니다.

◯● 학생, 학부모와의 소통 공간 마련

온라인 수업 환경이 구축된 후에는 교사가 학생·학부모와 어떤 방식으로 소통할 것인지 방법을 정하고 서로 소통 가능한 온라인 공간을 마련하는 것이 필요합니다. 온라인 수업은 대면 수업과 달리 교사와 학생 간의 소통이 실시간으로 이루어지지 않고 안내 사항도 글로 전달되는 경우가 많아 학생들이 안내받은 내용을 잘 이해하지 못하는 경우가 자주 발생합니다. 학기 초에는 출결, 수업 등과 관련하여 학생, 학부모로부터 질문이 쏟아지는데 이 때문에 학교가 마치 콜센터처럼 변하기도 합니다.

이때 학급 밴드나 클래스팅, 카카오톡 채널 등을 개설하여 학교에서 나간 안내 사항이나 수업 준비물 등 중요한 내용을 카드 뉴스나 이미지 형태로 올려 주면 학생들이 좀 더 쉽게 이해할 수 있습니다. 그리고 필요할 때 질문을 할 수 있는 공간을 마련해 두고 자주 묻는 질문은 공지로 올리는 방법 등을 활용하면 교사의 업무 부담을 줄일 수 있습니다.

🔘 학교별 운영 방식 고려

온라인 수업을 어떤 방식으로 진행할 것인가에 대한 논의는 학교마다 다른 방식으로 이루어집니다. 기본적으로 실시간 쌍방향 수업을 도입할 것인지에 대한 합의는 학교 전체에서 이루어지는 편이지만 동학년 단위로 결정권을 주어 학년마다 다르게 운영하는 경우도 있습니다. 중·고등학교의 경우에는 동학년 또는 과목별로 교사들의 의견을 취합하여 결정하기도 합니다.

온라인 개학이 처음 시행됐을 때는 시범 학교 위주로 실시간 쌍방향 수업이 먼저 도입되었고, 2학기부터는 조회와 수업 일부를 실시간 쌍방향 수업으로 실시하여 점진적으로 쌍방향 수업 비율을 늘려 나가는 학교가 증가했습니다. 하지만 여전히 콘텐츠 활용 중심 수업만 진행하는 곳들도 있습니다. 따라서 수업 계획을 짜기 전에 우리 학교의 상황을 파악하고 그에 맞게 수업 계획을 짜야 합니다. 내가 특정 유형의 수업을 하고 싶다고 해서 자유롭게 유형을 선택할 수 있는 것은 아닙니다.

만약 실시간 쌍방향 수업을 하고 싶거나, 직접 만든 수업 영상을 학생들에게 제공하고 싶다면 동학년 내에서 또는 같은 과목을 맡고 있는 선생님들과 논의를 하는 과정이 필요합니다. 다른 선생님들께서 새로운 방식의 수업을 원하지 않거나 받아들이는 데 시간이 걸릴 것 같다면 처음부터 내가 원하는 방식을 밀어붙이기보다 점진적으로 변화를 주는 것이 좋습니다. 예를 들어 단원 또는 차시의 핵심 내용을 정리해 주는 부분, 마무리 퀴즈와 같은 수업의 일부분만 짧게 직접 수업 영상을 제작하여 같은 학년 또는 과목을 가르치는 선생님들에게 공유할 수 있습니다. 또는 수행 평가나 학교 행사, 학급 이벤트 등의 이유를 들어 실시간 쌍방향 수업을 이따금씩 시도하며 긍정적인 후기를 공유하면, 실시간 쌍방향 수업을 진행해도 별 문제가 생기지 않는다는 인식이 퍼지면서 다른 선생님들의 마음도 조금씩 열릴 수 있습니다. 이때 관심을 보이는 선생님들께 수업을 진행하는 방법도 알려 드리고 도움이 되는 자료도 제공하며 분위기를 바꾸어 나가다 보면 새로운 시도를 해 볼 수 있는 길이 조금씩 열리게 됩니다.

제도적 측면

학교 교육과정을 운영하는 데 있어 평가는 아주 중요한 부분입니다. 특히, 교내 평가가 입시와 연결되는 고등학생의 경우 평가에 매우 민감하기 때문에 교육부에서 발표한 원격 수업 출결·평가·기록 가이드라인을 교사들이 잘 숙지하고 있어야 합니다.

◼ 원격 수업 출결 확인

우선 출결 확인은 원칙적으로는 모두 당일 교과별 차시 단위로 실시합니다. 실시간 쌍방향 수업의 경우 접속 불가 등의 사유로 대체 학습을 부여한 경우에는 3일(수업일 기준) 안에 최종 확인을 해야 합니다. 그리고 콘텐츠 활용 중심 수업과 과제 중심 수업의 경우 원칙적으로는 당일, 최종적으로는 3일 내에 수강을 완료하면 수업에 참여한 것으로 인정합니다. 담임 교사는 교과 교사의 출결 기록과 학생이 제출한 결석 사유 증빙 자료를 확인하여 일주일 단위로 출결을 확인합니다. 그리고 월 단위로 나이스(NEIS) 시스템을 통해 출결 마감 처리를 할 수 있습니다.

수업 유형별 출결 확인 방법을 살펴보면, 실시간 쌍방향 수업에서는 교사가 화면에 보이는 학생의 모습이나 실시간 댓글 등을 활용해 학생의 출석 여부를 확인합니다. 인터넷 접속 불량 등의 문제로 확인이 어려운 경우에는 전화, 메시지, SNS 등을 활용합니다.

콘텐츠 활용 중심 수업은 학습 관리 시스템(LMS)을 활용해 학습 시작일, 진도율, 학습 시간 등을 기준으로 출석을 확인합니다. 3일 이내에 학습을 완료하면 출석이 인정되고 학습 관리 시스템을 활용하기 어려운 학생은 과제물을 제출하는 등의 방법으로 대체하여 출석을 인정할 수 있습니다. (수업 이수 기준: 방송통신 중·고등학교 80%, e학습터 60%, 온라인 수업(전·출입 등에 따른 미이수 과목, 도서·산간 지역 미개설 과목) 70%)

과제 수행 중심 수업은 LMS를 활용한 접속 기록과 과제 수행 결과물 제출 여부를 기준으로 출석을 인정합니다. 과제를 인정하는 수준이나 분량 등은 시도별 세부 지침 범위 내에서 학교별로 정한 기준에 따릅니다. 교사는 학생들의 수준을 감안하여 과제를 제시하도록 합니다.

대체 학습 대상 학생은 각 교과별로 대체 학습 프로그램을 제시하고 이행 결과를 근거로 출석을 처리할 수 있습니다. 예를 들어 교사가 서면 학습 자료 및 과제를 학생에게 제공하고 학생이 등교할 때 학부모 학습 확인서와 과제를 제출하는 식입니다. 하지만 기한 내 원격 수업을 수강하지 않은 학생, 교외 체험 활동 신청에 따른 출석 인정 결석자는 대체 학습을 통한 해당 수업의 출석 인정 처리가 불가능합니다.

등교 중지 대상 학생(확진, 격리, 의심 증상 학생)은 출석 인정 결석 처리 대상이지만 학급 단위 이상 원격 수업 운영 중 학생의 희망에 따라 원격 수업을 수강한 경우 출석(수업)으로 인정합니다. 이 외의 질병으로 결석할 경우에는 등교 후 5일 또는 학교장이 정한 기간 내에 증빙 서류를 제출하면 '질병 결석'으로 처리합니다.

학교장이 정한 기간 이상 장기 결석하는 학생이 있는 경우에는 교사가 유선으로 학생의 소재를 확인하고 출석을 독려해야 하며, 소재 확인이 불가능할 경우엔 나이스(NEIS) 미인정 결석 등록 및 수사 의뢰를 해야 합니다.

기타 미등교 학생은 학부모 확인서 등 증빙 서류를 근거로 '기타결석' 처리를 합니다(감염병 위기 경보 단계가 '심각, 경계' 단계이며 학교장의 사전 허가를 받아 결석한 경우). 이때 '심각, 경계' 단계에 한해 교외 체험 학습(가정 학습) 신청 시 '출석 인정 결석' 처리가 가능합니다. 유의할 점은 당해 학년도 수업 일수의 3분의 2 이상 출석하지 않는 경우 진급 졸업이 불가하다는 것입니다.

⬤➖ 학생 평가 및 학생부 기재

온라인 수업 기간에 선생님들의 고민이 가장 많았던 부분이 바로 학생부입니다. 교육부 지침에 따르면 교사는 원격 수업 및 등교 수업에서 학습한 내용에 대해 학생의 학업 성취도를 지필 평가, 수행 평가 등을 통해 직접 관찰하고 확인해야 합니다(지필 평가는 등교하여 실시). 이는 평가의 객관성, 공정성, 투명성과 신뢰도를 확보하기 위함입니다.

감염병 확산으로 인해 사전에 계획한 학생 평가가 어려울 경우 평가 일정, 지필 평가 횟수, 수행 평가 반영 비율을 시도 교육청의 '학업 성적 관리 시행 지침'의 범위 내에서 학교장이 판단하여 조정할 수 있습니다.

학교급별 평가 운영 방안

초등학교는 학기 초 수립된 평가 계획에 따라 평가를 실시하되, 감염병 확산 등으로 특정 시기에 평가가 어려울 경우 시도 지침 및 학업 성적 관리 규정에 따라 평가를 실시하지 않을 수 있습니다. 교과 세특은 수업 과정에서 관찰한 내용을 포함하여 기재할 수 있습니다.

중·고등학교는 기본적으로 지필 평가는 제한적 등교일을 활용해 실시하고, 수행 평가는 가급적 원격 수업을 활용하되, 방역 수칙을 준수하여 제한적 등교일에 평가하도록 합니다. 그리고 방역 단계에 따라 평가 운영에 차이가 있습니다. 1~2.5단계에서는 지필 평가 또는 수행 평가만으로 성적 산출이 가능하고, 3단계에는 중학교 1, 2학년의 경우 평가를 실시하지 않고 PASS제를 적용할 수 있습니다. 하지만 중학교 3학년 및 고등학생은 평가를 실시하여 성적을 산출해야 합니다.

원격 수업 학생 평가·학생부 기재 원칙

교사가 학생의 학습 과정과 결과를 직접 관찰하고 확인할 수 있는 경우에는 원격 수업 중이나 과제 확인을 통해서도 평가가 가능합니다. 교육부에서는 원격 수업 평가 유형을 4가지로 분류하여 현장 교사들의 이해를 돕고자 했습니다.

첫째, 원격 수업 중 관찰과 확인이 가능한 유형입니다. 실시간 쌍방향 수업에서 토의·토론 활동이나 발표 수행 평가를 실시할 경우 학생의 참여도나 이해도, 논리성 등을 교사가 직접 확인할 수 있기 때문에 수행 과정 및 결과를 평가하고 학생부에 기재하는 것이 가능합니다.

둘째, 원격 수업 후 관찰과 확인이 가능한 유형입니다. 원격 수업 후 학생이 제출한 과제를 통해 수행 결과 평가 및 학생부 기재가 가능합니다. 예를 들어 학생이 온라인 체육 수업으로 익힌 생활 체조 영상을 제출하거나, 음악 시간에 익힌 리코더 연주 영상을 제출하면 교사가 학생의 수행 과정을 직접 관찰하고 확인할 수 있기 때문에 평가 및 학생부 기재가 가능합니다.

셋째, 원격 수업 후 관찰과 확인이 불가능한 유형입니다. 원격 수업에서 제시한 과제를 학생이 수행하는 과정을 교사가 직접 관찰할 수 없는 경우, 평가의 투명성이 확보되지 않으므로 평가 및 학생부 기재가 불가능합니다. 예를 들어 학생들이 수업 영상을 본 후 에세이/독후감 쓰기, PPT/UCC 만들기와 같은 과제를 수행해 제출하면 이것이 실제로 학생이 혼자 힘으로 수행한 것인지, 누군가 다른 사람의 도움을 받아 수행한 것인지 알 수 없습니다. 따라서 평가가 불가능합니다. 하지만 그런 과제를 등교 수업이나 실시간 쌍방향 수업과 연계하면 평가 활동으로 이어질 수 있습니다. 예를 들어 등교 수업 날 '비평의 기법'에 대해 지도하고 학생들이 과제로 작성해 온 독후감을 수정하고 발표하게 하거나, 학생이 작성한 과학 실험 계획서를 바탕으로 등교 수업 날 직접 실험을 수행하게 하면 수업 활동 중에 교사가 직접 관찰한 학생의 이해도나 태도 등을 평가하고 학생부에 기재할 수 있습니다.

넷째, 원격 수업 중 관찰과 확인이 불가능한 유형입니다. 실시간 쌍방향 수업을 진행하더라도 학생이 직접 말하는 것이 아닌 채팅과 같이 글로 남기는 자료는 실제로 그 학생이 작성한 것인지 확신할 수 없습니다. 따라서 그 자료는 평가 및 학생부 기재가 불가능합니다. 단, 이 경우에도 해당 활동을 등교 수업이나 실시간 쌍방향 수업과 연계하면 평가가 가능합니다. 예를 들어 실시간 쌍방향 수업에서 채팅으로 토론한 내용을 바탕으로 등교 수업에서 실제 3:3 토론을 진행하면, 교사는 토론 과정에서 관찰한 학생의 논지나 태도 등을 평가하고 학생부에 기재할 수 있습니다. 또 다른 예로 원격 수업에서 학생들이 댓글 기능을 활용해 짧은 모둠별 단편극을 만들었을 때, 그것을 바탕으로 등교 수업에서 모둠별 단편 소설을 창작하게 하면 교사가 수업 중에 관찰한 학생들의 창의성과 협동성 등을 평가하고 학생부에 기재할 수 있습니다.

수업 운영적 측면

제가 한 해 동안 다양한 유형의 온라인 수업을 진행해 보니 등교 수업 때는 고려할 필요가 없었던 제약들이 있었습니다. 온라인 수업을 더 효과적으로 운영할 수 있도록 교사가 꼭 기억했으면 하는 점들을 정리해 보았습니다.

◧ 수업 일정의 변동 가능성 고려

코로나 19와 같은 감염병 유행 시기나 국가 재난 상황에는 교육부나 학교 측에서도 등교 일정을 확실하게 계획하기 어렵습니다. 기존에 등교 수업으로 정해져 있던 날이 상황이 바뀌면서 갑자기 온라인 수업으로 전환되는 일이 자주 발생합니다. 그러므로 상황이 불안정할 경우 교사들은 언제든지 수업이 등교 수업 또는 온라인 수업으로 변경될 수 있다는 것을 염두에 두고 수업 계획을 짜야 합니다.

우선 학기별로 평가 계획을 세운 후에 그에 맞추어 수업 진도를 계획합니다. 평가 시기는 성적 처리 기간과 적당한 여유를 두고 잡아야 합니다. 그러지 않으면 이후 평가를 실시하기로 한 시기에 갑자기 등교 수업이 중단되어 곤란한 상황에 처할 수 있습니다. 그리고 차시별 수업을 계획할 때도 등교 수업과 온라인 수업, 두 유형의 수업을 모두 고려하여 공통적으로 운영할 수 있는 수업 활동을 중심으로 수업을 계획하는 것이 좋습니다.

◧ 핵심 내용 전달에 집중

온라인 수업을 효과적으로 진행하기 위해서는 교사들이 욕심을 내려놓아야 합니다. 학생들에게 많은 것을 가르쳐 주고 싶고, 잘 짜인 수업을 하고 싶은 마음에 평소 등교 수업을 하던 때와 같이 꽉 찬 수업을 계획하는 선생님들이 있습니다. 저도 그중 한 사람이었습니다. 하지만 온라인 수업은 출결 확인 때문에 수업 초반 5-10분이 그냥 흘러가는 경우도 많고, 기기 또는 통신 문제가 생겨 수업 활동이 중단되거나 지체되는 경우가 종종 발생합니다. 따라서 이런 문제 상황이 발생할 수 있음을 고려하여 시간 여유를 가지고 수업 활동을 계획해야 합니다.

여유롭게 수업 계획을 짜되 그 수업이 효과적인 수업이 되게 하기 위해서는 학생들에게 꼭 가르쳐야 하는 핵심 내용에 집중해야 합니다. 성취 기준과 단원 및 차시 목표를 확인하여 각 차시 수업별로 반드시 전달해야 하는 내용을 정리합니다. 그리고 그 내용을 효과적으로 전달할 수 있는 수업 활동과 발문, 평가 및 과제를 준비해야 합니다.

또한 온라인 수업 시 학생들의 집중력은 등교 수업보다 훨씬 떨어진다는 점을 기억해야 합니다. 컴퓨터 화면과 오디오는 실제 사람을 보며 대화하는 것보다 피로가 빨리 쌓입니다. 따라서 교사가 혼자 끊임없이 많은 내용을 전달하면 학생들의 집중력이 떨어져 수업의 효과가 낮아질 수 있습니다. 수업이 시작되고 학생들의 집중력이 아직 많이 떨어지지 않았을 초반부에 핵심 내용을 간결하고 효율적으로 전달해야 합니다. 그리고 학생들이 직접 참여하는 활동의 비율을 높여야 끝까지 수업에 집중할 수 있습니다.

◖▶ 학생들과의 소통 확대

온라인 수업의 가장 큰 단점은 교사와 학생 간의 즉각적인 피드백 및 학생들 간의 상호 작용이 일어나기 어렵다는 점입니다. 기존 학교 교육과정에서는 교사가 학생들의 질문과 요구에 즉각적으로 반응하며 조력자 역할을 하고, 학생들이 함께 활동하는 과정 속에서 창의성과 협동력을 기를 수 있도록 지원해 왔습니다. 기존의 학교 교육과정에서 수행하던 기능을 온라인에서도 계속 이어갈 수 있도록 다양한 방법으로 학생들을 지원해야 합니다.

실시간 쌍방향 수업을 확대하여 교사와 학생이 직접적으로 소통하는 기회를 늘리고, 동시 작업 플랫폼, 모둠별 소회의실, 실시간 쌍방향 수업용 학습 놀이 등 다양한 수업 도구 및 방법을 연구하여 학생들이 서로 상호 작용할 수 있는 수업 활동을 계획해야 합니다. 그리고 수업과 관련해 학생들이 상시로 질문을 남기고 교사가 응답해 줄 수 있는 온라인 공간을 마련하고 안내할 필요가 있습니다. 그러면 학생들이 온라인 수업에서 교사와의 소통의 부재로 인해 느끼는 불편함을 줄일 수 있습니다.

또한 수업 활동 중 또는 수업 후 개별적으로 과제 피드백을 제공할 때 학생들이 열심히 수업에 참여하는 모습을 교사가 알아보고 칭찬해 주면 학생들의 학습 의욕을 높일 수 있고 교사와의 관계도 더 좋아질 수 있습니다.

◖◗ 학생들의 수업 환경 고려

온라인 수업 활동을 계획하고 자료를 만들 때, 교사는 학생들이 각기 다른 환경에서 수업을 받는다는 사실을 꼭 기억해야 합니다. 교사들은 보통 학교에 있는 PC를 활용해 온라인 수업 환경을 갖추고 수업을 진행합니다. 하지만 학생들은 집에 PC가 없는 경우도 있고, 형제가 여럿인 경우 온라인 수업 시간이 겹치면 딱 한 명만 PC를 사용할 수 있는 상황에 놓이곤 합니다. 또 어린 학생들은 PC 조작이 미숙하여 스마트폰이나 태블릿 PC를 더 선호하는 경향도 있습니다. 실제로 제가 수업을 진행했던 6학년 학급에서 조사해 보니 학급 내 절반가량의 학생들이 스마트폰이나 태블릿 PC로 수업에 접속하는 것을 확인할 수 있었습니다. 이렇게 학생들의 수업 환경이 서로 차이가 난다는 점을 기억해야 수업 중에 발생할 수 있는 다양한 문제 상황에 대안을 마련할 수 있습니다.

우선 학생들이 보는 화면의 크기를 고려해야 합니다. 스마트폰처럼 작은 화면으로 수업을 시청하는 학생들은 교사가 보여 주는 자료에 나오는 글자나 이미지가 잘 보이지 않을 수 있습니다. 그리고 수업 시간이 길어질수록 눈의 피로도가 급격하게 높아질 수 있습니다. 따라서 수업 자료의 크기를 작은 화면에서 봐도 충분히 잘 보이도록 조절하고, 수업 시간도 등교 수업과는 다르게 조정할 필요가 있습니다.

또한 수업 활동에 사용하는 기기나 플랫폼이 실행되지 않을 경우를 고려해야 합니다. 실시간 쌍방향 수업을 할 때 가끔 학생들이 준비한 카메라나 마이크가 고장 나는 경우가 있습니다. 이런 문제와 관련해 실시간 쌍방향 수업 초기 단계에 학생들에게 교육을 해 두어야 합니다. 기기에 문제가 있을 경우 수업 시작 전에 교사에게 채팅이나 문자 메시지 등으로 알리도록 해야 하는데, 그래야 수업 중에 카메라나 마이크가 필요한 활동이 있을 경우 기기에 문제가 생긴 학생과 그 학생과 함께 활동해야 하는 학생들이 어떻게 대처해야 할지 교사가 미리 생각하여 안내할 수 있기 때문입니다. 그리고 가끔 발표 활동에 참여하고 싶지 않아서 일부러 고장 난 기기를 고치지 않는 학생들이 있습니다. 그런 학생들을 방치해 두면 다른 학생들도 똑같은 핑계를 대며 수업 활동에서 빠지려고 하는 현상이 발생합니다. 그런 현상을 방지하기 위해 학생의 기기가 고장 났다는 소식을 들으면 그 학생에게 언제까지 기기를 수리하거나 교체할 수 있을지 물어보고 약속을 정하는 것이 좋습니다. 학생이 약속을 지키지 않을 경우에는 가정에 연락을 취해 기기를 마련할 수 있도록 도움을 청해야 합니다.

기기 문제뿐만 아니라 때로는 패들렛, 구글 프레젠테이션과 같은 온라인 수업 도구 플랫폼을 활용할 때도 문제가 발생합니다. 어떤 플랫폼은 PC 외의 기기에서는 작동하지 않고, 다른 기기에서 사용이 가능하더라도 특정 애플리케이션을 설치해야만 실행이 가능한 경우가 있습니다. 또 이유를 알 수 없으나 특정 학생의 기기에서만 해당 플랫폼이 접속이 안 되거나 입력이 불가능한 경우가 종종 발생합니다. 그리고 플랫폼 접속에는 문제가 없더라도 PC가 아닌 다른 기기를 사용하는 학생들은 화상 수업 화면과 플랫폼 화면을 바꿔가며 활동하는 것에 어려움을 느끼는 경우가 많기 때문에 수업 활동에 차질이 생길 수 있습니다.

따라서 교사는 특정 플랫폼을 사용하고자 할 때 그 플랫폼이 다양한 기기에서 활용이 가능한지 확인해야 하고, 프로그램 설치가 필요한 경우에는 조회 시간에 안내하여 함께 설치하거나 과제로 제시하여 미리 준비를 할 수 있도록 해야 합니다. 그러지 않고 수업 시간에 갑자기 새로운 플랫폼이나 프로그램을 제시하면 위에서 언급한 문제들이 발생해 아예 활동을 진행하지 못하고 소중한 수업 시간을 날려 버리게 될 수 있습니다.

그리고 미리 준비를 했음에도 플랫폼을 사용할 수 없는 학생들이 있을 경우, 그들을 어떻게 수업 활동에 참여시킬 수 있을지 미리 방안을 생각해 두어야 합니다. 예를 들어 저는 학생들이 구글 프레젠테이션에 접속하여 각자 퀴즈 문제를 하나씩 만들어 보도록 했는데, 접속이 안 되는 학생들은 제게 비공개 채팅으로 문제를 써서 보내면 제가 그것을 복사하여 프레젠테이션에 대신 입력해 주는 방식으로 진행했습니다.

⦿ 수업과 연계한 평가 및 과제 제시

학생부에 기재되는 평가와는 별개로 온라인 수업에서는 각 차시별로 적절한 평가와 과제를 제시하는 것이 학생들이 학습 목표에 도달하도록 하는 데 매우 중요한 역할을 합니다. 등교 수업에서는 학생들이 수업 활동에 참여하고 있는지 교사가 직접 관찰할 수 있고, 활동에 참여하지 않는 학생은 개별 지도하여 참여를 독려할 수 있습니다. 등교 수업은 그렇게 교사의 관리하에 학생들이 활동에 참여하고 과제를 수행하는 과정에서 학습 목표에 자연스럽게 도달할 수 있는 경우가 많았습니다. 하지만 온라인 수업은 학생들이 자기 주도적으로 학습에 참여하지 않으면 학습 목표에 도달하지 못하는 경우가 많이 발생하기 때문에 학생 스스로 자신의 학습 목표 도달도를 확인할 수 있는 평가와 과제가 더욱 필요한 상황입니다.

교사들이 차시별 평가나 과제를 내면 보통 그 차시에서 학습한 지식을 확인할 수 있는 퀴즈 문제를 제시하는 경우가 많습니다. 저 또한 그 방법을 종종 사용했는데 선행이 되어 있는 학생들은 퀴즈만 풀고 수업은 제대로 듣지 않는 문제가 발생할 수 있습니다. 따라서 퀴즈 문제는 단순히 지식을 물어보는 것뿐만 아니라 수업에서 교사가 특별히 예를 들어 설명했거나, 자료를 활용해 보여 준 것 등 구체적인 수업 장면과 관련된 문제를 함께 내는 것이 좋습니다.

또 평가와 과제를 다음 차시 수업과 연계하여 계획하면 학생들의 학습 목표 도달도 및 수업 참여도를 더욱 높일 수 있습니다. 제가 했던 수업 사례를 예로 들면, 영어 말하기 수업 차시에 실시간 쌍방향 수업을 진행해 학생들이 2명씩 소회의실에 들어가 친구 인터뷰 활동을 하도록 했습니다. 그리고 친구가 알려 준 정보를 바탕으로 짧은 친구 소개글을 쓰는 과제를 제시했습니다. 인터뷰 활동을 제대로 하지 않으면 아무것도 쓸 수 없으니 학생들이 열심히 인터뷰를 수행했습니다. 그리고 다음 차시에는 과제로 써 온 소개글을 한 사람씩 읽는 발표 활동을 진행했습니다. 이때 저는 학생들의 읽기, 쓰기 능력을 체크하고, 전체 및 개별 피드백을 제공할 수 있었습니다. 이 다음 차시 수업 활동과 과제 또한 학생들이 작성한 소개글을 활용할 수 있게끔 계획하여 수업-과제-평가가 계속 서로 연계될 수 있도록 했습니다. 이렇게 하니 학생들이 목표 표현을 반복적으로 학습할 수 있었고 과제도 특별한 사정이 있는 학생들을 제외하고는 100% 제출하였습니다. 자신이 제출한 과제가 수업 시간에 직접적으로 활용되니 학생들의 수업 참여도 또한 자연스럽게 높아졌습니다.

⊕ ⊖ ⊗ ⊘

저는 교과 전담을 맡아 6학년 영어 교과를 지도했습니다. 온라인 개학이
시행된 후에 1학기는 학교에서 결정한 운영 방식에 따라 대부분의 수업을
콘텐츠 활용 중심 수업으로 진행했습니다. 그리고 2학기에는
1학기 수업에서 아쉬웠던 부분들을 보완하기 위해 실시간 쌍방향 수업을
도입하였고 다양한 유형의 수업들이 서로 연계되도록 하며 적절한 과제와
평가가 이루어지도록 교육과정을 계획했습니다.

Part 2

온라인 수업 사례로
수업 감 익히기

< **1** **2** **3** **4** **5** >

실제 온라인 수업 교육과정 구성 사례 1

저는 교과 전담을 맡아 6학년 영어 교과를 지도했습니다. 온라인 개학이 시행된 후에 1학기는 학교에서 결정한 운영 방식에 따라 대부분의 수업을 콘텐츠 활용 중심 수업으로 진행했습니다. 그리고 2학기에는 1학기 수업에서 아쉬웠던 부분들을 보완하기 위해 실시간 쌍방향 수업을 도입하였고 다양한 유형의 수업들이 서로 연계되도록 하며 적절한 과제와 평가가 이루어지도록 교육과정을 계획했습니다.

이 장에서는 제가 실제로 진행했던 수업 사례들을 소개하며 선생님들이 효과적인 온라인 수업 및 블렌디드 수업 교육과정을 구성할 수 있도록 아이디어를 제공하고자 합니다. 제가 특별히 신경 썼던 부분들과 학생들의 반응 및 결과가 좋았던 부분, 그리고 아쉬움이 많이 남았던 부분들도 모두 솔직하게 기록하였습니다. 이 기록을 참고하여 전국의 많은 선생님들께서 더 좋은 온라인 수업 방법 및 자료를 개발할 수 있었으면 합니다.

콘텐츠 활용 중심 수업 교육과정 구성 사례

    2020년 1학기 초반에는 등교 수업이 한 번도 이루어지지 못한 탓에 단원 전체가 콘텐츠 활용 중심 수업으로 진행되었습니다. 한 단원의 전체 흐름을 알 수 있도록 1~6차시를 모두 소개하려고 하는데, 이해를 돕기 위해 1차시는 수업 흐름별로 더 상세한 설명과 사진을 덧붙였습니다.

◗◖ 단원 소개

단원명	2. What would you like? (1~6차시)
단원 목표	(듣기) 음식에 대해 묻고 답하는 말, 맛에 대한 표현을 듣고 이해할 수 있다.
	(말하기) 음식에 대해 묻고 답하는 말, 맛에 대한 표현을 묻고 답할 수 있다.
	(읽기) 음식에 대해 묻고 답하는 말, 맛에 대한 표현을 읽고 이해할 수 있다.
	(쓰기) 주요 낱말, 어구 및 문장을 바르게 쓸 수 있다.
주요 표현	음식에 대해 묻고 답하기 (예: What would you like? / I'd like curry, please.)
	맛 표현하기 (예: It's salty.)

◗◖ 2단원 1차시

차시 목표	음식에 대해 묻고 답하는 말을 듣고 이해하며, 말할 수 있다.

1. 인사

학생들에게 밝고 활기찬 모습으로 인사하며 수업을 시작했습니다. 밝은 에너지와 비언어적인 요소들은 학생들에게 긍정적인 에너지를 줄 수 있습니다.

영어 수업에서는 교과서에 나오는 표현 외에 일상적으로 쓰이는 표현을 자주 들려주는 것이 중요하기 때문에 "How are you?", "How are you doing?", "I'm great!"와 같은 인사 표현을 했습니다. 단원이 바뀔 때는 축하 인사와 함께 새로운 단원에 대한 설명을 간단하게 해 주곤 했습니다.

수업 영상 전체를 직접 촬영하여 제작하는 것은 쉬운 일이 아닙니다. 따라서 이미 제작되어 있는 좋은 교육 영상 자료들에서 필요한 부분들을 가져와 수업 자료로 제작하는 것도 좋은 방법입니다. 대신 영상 시작이나 끝부분에 짧게라도 선생님의 모습이나 목소리를 담아 학생들을 위한 메시지를 전달해 보면 어떨까요? 혼자 공부해야 하는 어려움에 처한 학생들의 상황을 공감하고, 온라인 수업에 잘 참여하도록 독려하는 메시지를 담아 주면 학생들은 선생님의 마음을 알고 더 열심히 수업을 들으려고 할 것입니다.

2. 동기 유발

동기 유발 활동으로 '게싱홀' 게임을 했습니다. 게싱홀 게임은 사진의 일부분을 작은 구멍을 통해 보여 주고 그게 무엇인지 맞히는 퀴즈입니다.

게싱홀 게임으로 다양한 음식 사진을 맞혀 보게 한 다음, 이번 단원 주제가 무엇과 관련될 것 같은지 질문했습니다.

간단한 게임이지만 다양한 연령대의 학생들이 모두 즐겁게 참여하는 매우 유용한 활동입니다.

3. 학습 문제 및 활동 소개

수업 목표와 흐름을 이해할 수 있도록 학습 문제와 활동을 제시했습니다. 학습 문제는 '음식을 주문하는 표현을 알아보자.'이고 활동은 교과서와 비슷한 구성(1. Look & Listen 2. Let's chant 3. Let's play)으로 제시했습니다.

4. Look & Listen 1

역할극 제시 및 주요 표현 정리

활동 1은 Look & Listen으로 영상을 보고 주요 표현을 찾는 단계입니다. 제가 직접 스토리를 짜고 촬영한 상황극을 활용했습니다.

상황극을 보기 전에 먼저 한 장면의 사진을 보여 주며 '사진 속에 무엇이 보이나요?', '지금 켈리의 기분이 어떤 것 같나요?' 등의 질문을 던져 학생들이 이야기의 내용을 상상해 볼 수 있도록 했습니다.

상황극을 본 후에는 이야기 내용을 확인하는 질문을 먼저 하고, 주요 표현이 등장한 장면을 짧게 다시 보여 준 후 각 인물이 말한 표현이 무엇이었는지 기억해 말해 보도록 했습니다.

교과서를 보면 그 차시의 학습 문제를 제시하기 위한 삽화가 그려져 있는 경우가 많아요. 몇 명의 학생들이 등장해서 대화를 나누거나 특정한 상황에 대해 의문을 제시하는 모습을 종종 볼 수 있습니다. 그 삽화 속에 나오는 장면을 각색하여 선생님이 직접 연기하는 모습을 보여 주면 어떨까요? 연기하는 것이 쑥스럽다면 목소리 연기만 해도 좋습니다. 그림만 보여 주거나 교과서에 녹음된 목소리를 이용하는 것보다 선생님이 직접 들려주는 상황이 학생들 입장에서는 훨씬 재미있고 실감 날 거예요.

5. Look & Listen 2

셀 수 있는 음식과 셀 수 없는 음식의 예

주요 표현 말하기 연습

말하기 연습 단계에서는 먼저 주요 표현을 다시 천천히 들려주고 그 표현의 의미를 알려 주었습니다. 다양한 음식 사진을 이용해 문장을 변형하면서 학생들이 듣고 따라 해 보도록 했습니다.

음식을 주문하는 표현을 연습할 때 관사로 인해 학생들이 헷갈릴 수 있을 것 같아, 셀 수 있는 음식과 셀 수 없는 음식에 대한 설명을 간단히 덧붙였습니다. 그리고 다양한 예를 찾아볼 수 있도록 인터넷에서 검색하는 방법을 알려 주었습니다.

요즘 학생들이 컴퓨터나 기기를 잘 다루는 것 같지만 게임이나 오락용으로 활용하는 것 외에 정보 검색 능력은 별로 높지 않은 경우가 많습니다. 어디에서 어떻게 검색해야 수업에서 배운 것과 관련한 정보를 얻을 수 있는지 구체적으로 알려 주면 좋습니다.

이전에 제가 2학년 담임을 할 때 우리 동네를 살펴보는 차시가 있어서 컴퓨터 창체 시간과 연계해 학생들에게 인터넷 지도 로드뷰 보는 법을 가르쳐 준 적이 있습니다. 아이들이 로드뷰 기능을 너무 신기해하며 처음에는 학교에서 자기 집까지 길을 찾아가 보더니 나중에는 독도, 불국사 등 여러 문화 유적지들의 위치까지 살펴보며 무척 즐거워했습니다. 어떤 학생은 제가 몰랐던 기능까지 알아내 저를 가르쳐 주기도 했습니다. 요즘은 신기하고 재미있는 학습 관련 웹사이트나 애플리케이션이 많이 개발되어 있으니 선생님이 사용해 보고 좋았던 것을 수업에 활용하고, 학생들이 직접 사용해 볼 수 있게 방법을 알려 주면 학생들이 스스로 더 많은 탐구를 할 수 있습니다.

6. Let's chant

활동 2는 Let's chant로 학생들이 따라 부르도록 했습니다. 영어 수업에서는 찬트, 노래를 많이 사용하는데 고학년 학생들은 교과서에 나오는 노래를 별로 좋아하지 않아서 제가 신나는 비트를 반복적으로 사용해서 노래를 만들었습니다.

찬트를 지도할 때는 보통 처음엔 반주 없이 가사를 천천히 부르며 연습하고, 가사가 익숙해지면 반주와 함께 노래를 부릅니다. 나중에는 가사를 다양하게 바꾸거나 속도를 더 빠르게 하여 재미를 더할 수 있습니다.

7. Let's play

활동 3은 Let's play로 텔레파시 게임을 진행했습니다. "선생님과 가장 마음이 잘 통하는 사람이 누구일까?" 하면서 운을 띄우면 아이들은 내심 나랑 선생님 마음이 통하나 궁금해하며 게임에 참여하게 됩니다.

"What would you like?"라고 질문하면 학생들은 화면에 나타난 2~3개의 음식을 보고 선생님이 택한 음식이 무엇일지 생각해서 문장을 말합니다. 정답을 공개하며 제가 문장을 말해 주니 학생들은 다시 한 번 주요 표현을 들을 수도 있습니다.

이 게임은 문장을 읽고 예상하는 답을 써 보라고 하면 읽기, 쓰기 게임으로도 쉽게 바꿀 수 있습니다.

8. 수업 정리 및 차시 예고

텔레파시 게임을 마치고 수업 정리 부분에서는 다음 차시에 배울 내용을 간단히 예고했습니다.

영상 끝에는 그 수업을 촬영하면서 생긴 NG 장면과 제가 수업을 준비하는 모습을 담아 재미를 더했습니다. 학생들이 이후 등교 수업 때 이 마지막 부분이 너무 재미있어서 끝까지 기대하면서 수업을 봤다는 후기를 들려주었습니다.

실수하여 NG가 난 영상을 잘 활용하면 학생들에게 큰 재미와 웃음을 줄 수 있답니다. NG 영상을 지우지 말고 남겨 두었다가 저처럼 수업 끝부분이나 수업 중 가끔 지루해지는 타이밍에 적절히 활용해 보면 어떨까요? '내가 실수하는 모습을 보이면 학생들이 나를 우습게 생각하지 않을까?'라는 걱정이 든다면 현실은 오히려 그 반대입니다. 어린 학생들조차 '선생님이 우리에게 재미있는 수업을 만들어 주기 위해 이렇게 노력하고 있구나'라는 생각을 하고 선생님을 더 응원하고 따르게 됩니다. 그리고 대면 수업 때도 훨씬 더 반짝이는 눈으로 반갑게 선생님을 맞이해 주는 학생들의 모습을 볼 수 있습니다.

차시 목표 맛에 대한 표현을 듣고 이해하며, 말할 수 있다.

1. 인사 & 복습 활동 - (1)음식 월드컵 (2)찬트

1차시 주요 표현을 복습하기 위해 음식 월드컵 게임을 했습니다. 두 종류의 음식을 제시하고 "What would you like?"라고 질문하면 "I'd like ～."라고 하며 좋아하는 음식을 고릅니다. 학생들도 자신이 좋아하는 음식을 넣어 문장을 말해 보도록 했습니다. 게임이 끝난 후엔 제가 선택한 음식을 지난 시간에 배운 찬트에 넣어 불러 보았습니다.

2. 동기 유발 및 학습 문제 제시

'상황극을 보고 주요 표현을 찾아 보세요.'라는 말을 띄운 후 제가 식당에 가서 음식을 먹고 맛에 대한 반응을 보이는 상황극을 보여 줍니다. 상황극이 끝난 후엔 '음식의 맛과 관련한 표현을 알아보자.'라는 학습 문제를 제시했습니다.

3. 활동 1 Listen and Say

상황극의 내용 및 주요 표현과 관련한 질문을 한 후 상황극을 다시 보여 주고 주요 표현을 따라 말하는 연습을 했습니다.

4. 활동 2 Let's practice

국수, 케이크, 떡볶이 등 다양한 음식을 먹으며 찍어 두었던 영상들을 보여 주며 활동 1에 나오지 않은 다양한 맛 표현을 알려 주었습니다.

5. 수업 정리 & 과제 제시

오늘 배운 표현들을 활용한 상황극을 우리말로 제시하고 학생들이 대사를 영어로 바꿔 보도록 합니다. 정답은 다음 수업에서 공개하기로 해서 자연스럽게 과제가 되었고, 새로 배운 표현들을 2번 이상 따라 말하는 과제를 함께 제시했습니다.

◉━ 2단원 3차시

차시 목표 음식에 대해 묻고 답하는 표현과 맛에 대한 표현을 읽고 이해하며 낱말, 어구 및 문장을 쓸 수 있다.

1. 복습 활동 - 2차시 정리 문제

지난번에 과제로 제시했던 상황극 영상을 다시 보여 주며 우리말을 영어로 바꿔 표현해 봅니다.

2. 동기 유발 & 학습문제 제시

요리를 하다가 영어로 이름이 쓰인 조미료들을 잘못 사용해서 음식의 맛이 이상해진 상황극을 보여 주며 읽기, 쓰기 차시를 시작했습니다.

3. 활동 1 - Listen and read

강세 및 어조를 빨간 점과 화살표를 이용해 시각적으로 보여 주며 지도했습니다. 단어를 더 쉽게 기억하도록 일상생활에서 영단어를 보게 되는 경우를 소개했습니다. 그리고 단어를 직접 써 보는 연습을 했습니다.

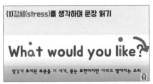

4. 활동 2 - Correct the sentences

문장을 바르게 읽어 주고 화면에는 철자가 틀린 문장을 제시했습니다. 학생들이 직접 공책에 틀린 문장을 바르게 고쳐 쓰는 활동을 했습니다.

5. 활동 3 - Mime quiz

마임을 활용해 특정 음식을 먹는 흉내, 맛을 표현하는 흉내를 내면 학생들이 답을 떠올려 공책에 문장으로 써 보는 활동을 했습니다.

6. 수업 정리 & 과제 제시

앞의 상황극을 다시 가져와 salt 단어를 제대로 읽지 못해서 음식의 맛이 이상해졌음을 확인했습니다. 그리고 교과서의 읽기-쓰기 차시 문제를 풀어 보도록 과제를 제시했습니다.

◯ 2단원 4차시

차시 목표	이야기를 읽으며 배운 표현을 이해하고, 낱말이나 어구를 써서 내용을 요약하는 글을 완성할 수 있다.

1. 인사 & 복습 활동 - 찬트 따라 부르기

DJ 제시카로 변신해서 방송을 진행하듯이 자기소개를 하며 시작했습니다. 복습 활동으로 2차시에서 불렀던 찬트를 들려주었습니다. 추가로 읽기, 쓰기 관련 퀴즈와 함께 찬트를 제시한다면 전차시와 연결이 잘 되어 더 효율적일 것입니다.

2. 활동 1 - Listen and read

이야기 글을 들려주기 전에 학생들에게 "여러분은 어버이날에 부모님을 위해 무슨 일을 했나요?"라고 질문했습니다. 어떤 남자아이의 사연을 받았다며 제가 그린 그림과 함께 교과서 글을 각색한 이야기 글을 읽어 주었습니다.

3. 활동 2 - Read aloud

라디오 이벤트로 방금 들려준 이야기를 읽어 주는 사람에게는 상품권을 보내 준다고 했습니다. 그리고 참가자와 전화를 하는 척하며 지난 단원에서 배운 표현을 이용해 짧게 대화를 했습니다. 이후 이야기 글을 한 문장씩 화면에 띄우며 학생들이 직접 소리 내어 읽어 볼 수 있도록 했습니다.

4. 활동 3 - Read and do

문자 참여 퀴즈라는 설정으로 이야기 내용을 확인하는 읽기 문제와 빈칸에 들어갈 낱말을 써서 내용을 요약하는 쓰기 문제를 제시했습니다.

5. 수업 정리 & 과제 제시

'My favorite food' 찬트를 들려주고 수업을 마쳤습니다. 과제는 해당 차시 교과서 문제를 푸는 것이었습니다.

차시 목표   예문을 참고하여 '오늘의 추천 메뉴' 글을 완성할 수 있다.

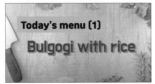

1. 수업 도입

학생들이 교과서에 나오는 추천 메뉴 예시 글을 읽고 그 글과 같은 형식으로 짧은 글을 완성해 보는 활동을 합니다. 추천 메뉴 글에는 음식의 재료와 맛에 대한 표현이 들어가는데 실제 요리하는 과정을 보여 주면 학생들에게 더 재미있는 교육 자료가 될 수 있을 것 같아 '요리 교실'이라는 콘셉트를 잡았습니다. 학습 문제를 영상에는 담지 않고 수업 안내 글에 제시했는데 영상 속에도 드러냈으면 좋았겠다는 생각이 듭니다.

2. 활동 1 - 요리 과정 보여 주기

학생들이 평소 쉽게 접하는 음식 3가지를 실제로 요리하며 요리 과정을 영어로 설명했습니다. 실과 수업의 음식 만들기 내용과 연계도 되고, 학생들에게 더 다양한 영어 표현을 알려 줄 수 있었습니다. 요리가 완성된 후에는 제가 직접 음식을 먹으며 음식의 맛을 문장으로 표현했습니다.

3. 활동 2 - Think and Write

요리한 음식마다 각각 사용된 재료를 나열하고, 그 메뉴에 대한 짧은 설명글을 빈칸 채우기 활동으로 완성해 보도록 했습니다. 교과서에서 제시한 문장 형식 및 문제를 동일하게 제시해서 이후에 학생들이 스스로 메뉴판 쓰기 과제를 수행하는 데 도움이 되도록 구성했습니다.

4. 수업 정리 & 과제 제시

영상 끝에 "여러분도 요리할 수 있는 음식이 있나요?"라고 질문하고, 교과서에 짧은 글 쓰기 활동을 스스로 해 보도록 과제를 제시했습니다.

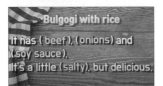

⬤ 2단원 6차시

차시 목표 'Wrap up'을 통해 단원에서 학습한 내용을 정리할 수 있다.
다른 나라의 유명한 음식에 대해 알아보고, 배운 내용을 말할 수 있다.

1. 수업 도입

이 수업 영상은 학생들이 교과서 Wrap up 문제를 풀 수 있도록 주요 표현 복습 및 문화 관련 내용을 담아 만들었습니다.

2. 활동 1 - Fill in the blanks

이번 단원에서 배운 '음식에 대해 묻고 답하는 표현', '맛을 나타내는 표현'을 한 문장씩 한글 뜻과 빈칸이 뚫린 문장으로 제시하고 학생들이 직접 표현을 완성해 말해 보도록 했습니다.

3. 활동 2 - Listen and Say

2차시 말하기 연습 때 활용했던 영상을 다시 보여 주며 학생들이 주요 표현을 전체 대화문 속에서 다시 듣고 직접 말해 보도록 했습니다.

3. 활동 3 - World Culture

'다른 나라의 유명한 음식'을 소개하기 위해 제가 실제로 여행을 갔을 때 찍어 두었던 영상을 활용했습니다. 여행 브이로그 형태로 만들어 재미를 더했습니다. 식당, 야시장, 마트 등 다양한 장소를 방문하며 촬영한 베트남의 음식과 식재료들을 소개했고 그 외에 베트남 거리와 전통 의상 등 다양한 문화적 요소를 함께 보여 주어 더 실감 나는 문화 교육 자료가 되도록 했습니다.

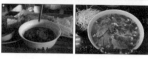

4. 수업 정리 & 과제 제시

마무리 인사말과 함께 학생들이 e-book을 활용하여 교과서 30~31쪽 Wrap up 문제를 풀어 보도록 과제를 제시하고 수업을 마쳤습니다.

온라인 수업의 성과와 개선점

1학기에는 앞에서 보여 드린 것과 같이 학생들의 수업에 대한 흥미와 집중도를 높이기 위해 교과서의 고정된 구성에서 탈피하여 다양한 콘셉트의 수업 영상을 꾸준하게 제작했습니다. 2학기 초에 학생들에게 제 수업 영상이 어땠냐고 설문조사를 했는데 이런 글들을 받았습니다.

영상에서 노래를 들을때 동생이 들리라서 누구냐고 물었는데 우리 학교 영어쌤이라고 하니깐 완전 대박이라고

영어 선생님이랑 했을때 정말 재미있었다.

• 온라인 수업을 할 때 수업 내용을 노래로 재미있게 해주셔서 지루하지 않고 재미있었어요.

• 온라인 수업을 들을 때 그 문제 1개, 1개를 잘 설명해 주셔서 이해가 잘 갔다.

지루한 영상들은 보기 싫어서 클릭만 하고 나왔다. 켈리쌤 영상이 좋아서 마지막에 아껴서 듣는다.

영어 영상 중 NG, 그리고 피 반능 온라인 수업 들을 때는 역상여 듣는다.

온라인 수업을 할 때 영어수업 영상을 보는데 마지막 NG영상이 넘 재있다.

• 선생님 혼자서 1인 다역으로 영상을 만드셨는데 그게 재미있었다.

온라인 수업에서 How often do you exercise 주제로 라면 먹는데 전화와서 Kelly 선생님 턱에 계란이 있는게 웃겼고, 연기하는것도 재미있었다.

학생들은 선생님인 제가 직접 상황극 연기를 하고 노래를 부르는 장면들이 아주 재미있게 느껴졌던 것 같습니다. 그래서 영어 수업이 기다려졌다는 학생들이 많았고, 제 영상이 좋아서 마지막에 아껴서 듣는다는 학생의 글도 있어서 큰 감동을 받았습니다. 그리고 수업 마지막에 넣

은 NG 영상들은 보통 아주 짧았었는데 아이들의 기억 속에 남아 있는 것이 놀랍기도 했습니다. 이렇게 실제로 많은 학생들이 영어 수업 영상을 아주 좋아해 주었고 학부모님들의 반응도 매우 좋았습니다. 교무실로 제 영상에 대한 학부모님의 칭찬이 들려오기도 했습니다.

하지만 일주일에 2~3개씩 높은 퀄리티의 수업 영상을 끊임없이 만들어 내는 것은 결코 쉬운 일이 아니었습니다. 매번 새로운 콘셉트와 활동을 시도하다 보니 아이디어가 점점 고갈되었고, 학생들의 흥미를 높이기 위해 편집에도 많은 신경을 쓰다 보니 영상 제작에 드는 시간이 너무 길어졌습니다. 수업 시간에 맞게 영상을 완성해 올리는 것에 점점 더 큰 부담이 느껴졌습니다. 처음에는 일주일 3번 있는 수업을 모두 직접 찍어 올렸는데 그렇게 하니 매일 촬영과 편집을 쉬지 않고 해야만 수업 시간 전에 영상을 올릴 수 있는 상황이 되었습니다. 밤을 새워 영상을 만들어야 하는 날도 많았고 그런 생활을 두 달간 지속했더니 결국 심한 장염에 걸려 병원 치료를 받아야 하는 상황이 오기도 했습니다.

그래서 이후에는 꾸준히 지속할 수 있는 수업 영상 제작 방법을 찾기 시작했습니다. 전체 단원에서 1~2개 차시는 재미있게 콘셉트를 잡아 찍더라도 나머지 차시들은 교과서 장면을 보여 주며 제 설명을 덧붙이거나, 교실 안에서만 간단하게 촬영하고 다른 재미있는 교육 자료들을 함께 활용하는 방식으로 시도해 보았습니다. 그런 방식으로 하니 아침에 출근해서 영상 촬영과 제작을 바로 시작하면 점심시간 전이나 5, 6교시 전에 끝이 났습니다. 저는 음악과 효과음, 자막과 같은 편집에 공을 들이는 편이라 이런 부분들도 단순하게 하면 훨씬 더 빠르게 영상을 제작할 수 있을 것이라는 생각이 듭니다.

학생들이 수업 영상을 재미있게 시청하기는 했지만, 실제 학습 효과도 좋았을까요? 이후 등교 수업일에 평가를 해 보니 학생들의 듣기, 말하기 영역은 대부분 성취 기준에 도달해 있었습니다. 학생들이 제가 보여준 상황극을 재미있게 시청했고, 주요 표현을 담은 노래를 여러 차시에서 반복적으로 제시했기 때문에 표현을 쉽게 기억할 수 있었던 것 같습니다. 그런데 읽기, 쓰기 영역은 평가 문제를 정말 쉽게 냈다고 생각했는데도 학생들이 문제를 잘 풀지 못했습니다. 특히 쓰기 영역은 성취 기준을 도달하지 못한 학생들이 학급마다 2~4명씩 나왔습니다. 콘텐츠 활용 중심 수업의 특성상 수업 영상을 시청만 하고 스스로 많이 연습해보지 않은 학생들이 여럿 있었던 것 같습니다.

　원래 영어는 고학년이 될수록 학습 부진이 누적되면 그 결과가 눈에 띄게 드러나는 과목입니다. 하지만 이전에도 제가 6학년 영어 전담을 여러 번 해 보았기에 비교가 되었습니다. 아주 큰 차이가 나는 것은 아니지만 온라인 수업을 받은 해 학생들의 성취 수준이 등교 수업을 하던 때에 비해 떨어진다는 느낌을 받았습니다. 등교 수업을 하던 때는 학생들이 따로 공부를 하지 않더라도 수업 시간에 여러 가지 연습 및 게임 활동에 참여하며 영어 문장을 읽고 써 볼 수 있는 기회가 많았기 때문에 성취 기준에 도달하기가 더 수월했습니다. 우리 학교는 학군이 좋고 학교 수업 외에 사교육을 받는 학생들이 많은 편인데, 따로 수업을 받을 기회가 없는 학생들이 많은 지역은 온라인 수업 후 학업 성취도가 많이 떨어졌을 것 같다는 생각이 들었습니다. 이 평가 결과를 접한 후에는 교사의 단방향 수업이 아닌 학생들과 함께 소통하는 쌍방향 수업, 그리고 학생들이 직접 학습 활동에 참여하게 할 수 있게 만드는 수업이 더 많이 필요하겠다는 생각이 들었습니다.

　또 콘텐츠 활용 중심 수업을 진행하고 스스로 아쉬웠던 점을 꼽자면,

제가 과제와 평가에 좀 더 신경을 많이 썼어야 했다는 생각이 들었습니다. 학생들이 코로나 상황에서 혼자 온라인 수업을 받으며 느낄 스트레스나 부담감을 줄여 주고 싶다는 생각에 교과서에 나오는 문제만 풀어 보도록 하고 추가적인 과제를 거의 내지 않았습니다. 사실 교과서에 나오는 문제는 간단하고 양이 매우 적어서 충분한 연습을 하기에는 부족합니다. 그래서 등교 수업 때는 교과서를 학습한 후에 다양한 활동을 추가적으로 진행하는 것이 필수적이었습니다. 그리고 학생들이 e-book을 활용하여 교과서 과제를 수행하도록 했기 때문에 문제를 푼 후에 정답도 바로 확인할 수 있어서 개별 학생들의 성취 수준과, 수업 중에 잘 이해하지 못한 부분을 제대로 파악하는 데 어려움이 있었습니다.

그래서 2학기에는 이런 문제점들을 해결하기 위해 실시간 쌍방향 수업을 도입하고 과제 및 평가를 보완해야겠다는 생각이 들었습니다. 마침 우리 학교도 2학기부터는 Zoom 수업을 조금씩 도입하겠다는 소식이 들려왔고, 학년 부장님께 적극적으로 실시간 쌍방향 수업 지원 의사를 밝혀 영어 교과는 주 1회 Zoom 수업을 할 수 있게 되었습니다.

수업 내용을 더 재미있게 만들기

온라인 수업 기간에는 학생들이 혼자서 공부해야 하는 경우가 많기 때문에 가능한 한 교과서의 순서와 흐름을 따라가는 것이 좋습니다. 지나친 재구성은 학생들에게 혼란을 줄 수 있기 때문입니다. 대신 학생들이 더 재미있게 볼 수 있는 흥미로운 수업 영상을 만들기 위해 다음과 같은 방법들을 활용했습니다.

◉ 학생들의 실생활과 수업 내용 연결 짓기

복도에서 뛰어다니는 학생을 선생님이 불러 몇 학년 몇 반이냐고 묻는 장면

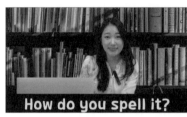

도서관에서 책을 빌리려는 학생에게 사서 선생님이 이름의 철자를 묻는 장면

갑자기 배가 너무 아파서 복도에 서 있던 사람에게 화장실의 위치를 묻는 장면

자꾸 Zoom 수업에 지각하는 학생에게 담임 선생님이 생활 습관을 묻는 장면

저는 새로운 단원에 들어갈 때면 제일 먼저 단원의 목표를 확인한 후, 그 단원의 주요 표현을 학생들이 실생활에서 언제 주로 사용하게 될지 떠올려 보았습니다. 그리고 그 장면을 상황극으로 만들어서 주요 표현을 재미있게 제시하려고 노력했어요.

예를 들어 1단원에서는 '학년을 묻고 답하기', '(이름)철자를 요청하고 이에 답하기'를 가르쳐야 했습니다. 보통 학교에서 학생들은 같은 학년끼리 모여서 생활하기 때문에 서로 학년을 물어보는 일이 별로 없습니다. 그런데 학생들이 다른 학년의 층에서 뛰어다니거나 장난을 치면 선생님이 불러 세워서 "너 몇 학년이니?" 하고 물어보는 경우가 종종 있습니다. 이런 장면 다들 직접 겪거나 목격한 적 있으시죠? 그리고 학생들이 도서관이나 보건실을 이용할 때 선생님이 학년과 이름을 물어본다는 점을 떠올려 그 장면들을 상황극으로 만들었습니다.

5단원에서는 '길 묻고 안내하기' 표현이 나왔습니다. 교과서에서는 박물관, 도서관, 버스 정류장 등의 위치를 묻고 답했습니다. 하지만 저는 우리가 새로운 장소에 갔을 때 가장 자주 찾는 장소는 화장실이라는 생각이 들었습니다. 실제로 외국 여행을 가게 되면 그 나라 말로 화장실이 뭔지 꼭 외우고 가는 경우가 많죠. 그래서 화장실이 어딘지 묻는 표현을 상황극을 통해 주요 표현으로 먼저 제시했습니다. 이후 교과서에 나오는 건물들로 단어를 변형하며 표현을 확장해 나갔습니다.

9단원에서는 '빈도수 묻고 답하기'를 가르쳤습니다. 교과서를 보니 병원에서 의사가 건강 검진을 받는 학생에게 '일주일에 몇 번 운동을 합니까?'와 같은 질문을 하는 장면이 있었습니다. 당시 온라인 수업이 시작된 지 꽤 오랜 시간이 지나 생활 패턴이 망가진 학생들이 아주 많이 있을 것이라 생각했습니다. 그래서 아침에 늦잠을 자서 실시간 쌍방향 수업에 늦고, 컴퓨터 게임을 많이 하고 인스턴트 음식을 주로 먹으며, 운동도 하지 않는 학생의 모습을 연기했습니다. 그리고 그 학생에게 담임 선생님이 상담 전화를 걸어 요즘 왜 수업에 자주 늦냐는 질문과 함께 학생의 생활 습관을 체크하고 조언하는 모습을 상황극으로 만들었습니다. 많은 학생들이 자신의 현실을 똑같이 반영했다며 공감하고 재미있어하는 반응을 보였습니다.

〈학생 댓글〉

완전 현실반영이네요 ㅋㅋㅋㅋ 저번주 출석 늦어서 담임쌤이 전화해서 깨워주시고 오후에 쌤이랑 전화하면서 빵먹었던게 생각나요 ㅋㅋㅋㅋ

ㅋㅋㅋㅌㅌㅌㅌㅌㅌㅌㅌㅌㅌㅌㅌㅌㅌ 너무 현실적이에요

넘 리얼해서 재밌네요 ㅋㅋ

+ Plus

수학이나 과학처럼 실생활 연계가 매우 중요하게 여겨지는 과목의 수업 영상을 만들 때 이 전략을 사용하면 좋습니다. 아이디어가 잘 떠오르지 않을 때는 교과서에 나온 문제 상황 삽화나 글을 살펴보면 좀 더 쉽게 아이디어가 떠오를 수 있습니다. 거기서 조금 더 나아가 내가 맡고 있는 학생들의 나이대, 관심사, 평소에 자주 방문하는 장소, 자주 사용하는 물건 등을 떠올리며 고민해 보면 학생들에게 가장 쉽게 와 닿는 실생활 상황을 찾아낼 수 있습니다.

⬤━ 학생들의 관심사와 수업 내용 연결 짓기

6학년 학생들이 좋아하는 계절을 조사한 패들렛

계절별로 몇 명의 학생이 좋아한다고 답했는지 발표

사람은 누구나 자신이 관심 있는 것에 눈을 반짝이고, 귀를 쫑긋 기울여 듣기 마련입니다. 그래서 저는 평소 학생들이 쉬는 시간이나 수업 중에 좋아하는 연예인, 방송 프로그램, 게임, 유튜버 등을 이야기하면 기억해 두었다가 수업 자료를 제작할 때 활용하곤 했습니다. 예를 들어 영어 교과에서 두 사람이 서로 묻고 답하는 장면을 제시할 때 교과서에 나오는 학생 삽화 대신 인기 아이돌 사진을 이용하면 많은 학생들이 활짝 웃으며 좋아하는 모습을 볼 수 있었습니다.

또 설문 조사를 실시하여 학생들의 생각을 직접적으로 수업에 반영하기도 합니다. 위 사진은 좋아하는 계절을 묻고 답하는 표현을 가르쳤던 사례입니다. 1차시 수업을 마친 후 패들렛 링크를 제공하여 학생들에게 실제로 자신이 가장 좋아하는 계절이 무엇인지 고르고 그 이유를 사진이나 그림, 짧은 글로 답하도록 했습니다. 그리고 그 내용을 다음 차시 수업에 반영하여 각 계절마다 몇 명의 아이들이 좋아한다고 답했는지 알려 주고, 학생들이 올린 게시물과 답변들을 활용하여 수업을 진행했습니다.

⬤▶ 다양한 관련 자료를 검색하여 아이디어 얻기

영미 문화권의 성(Surname)의 유래와 관련한 영상

해외 유튜버들이 촬영한 'sick day' 브이로그

수업을 준비하다 보면 매번 재미있는 아이디어를 떠올리기 힘들 때가 있습니다. 그럴 때는 지도해야 하는 내용의 키워드를 인터넷에서 검색해 봅니다. 그 키워드와 관련된 영상, 노래 등 다양한 자료를 훑어보고 나면 생각지도 못한 아이디어가 떠오릅니다. 인터넷에 좋은 자료가 없을 때는 도서관에서 찾아봅니다. 여러 책들을 살펴보다 보면 좋은 스토리나 사진 자료 등을 찾게 됩니다. 영어 동화책의 경우 유튜브에서 지도할 내용의 키워드에 'Children's book'이라는 말을 덧붙여 검색하면 외국인들이 책을 한 장면씩 넘기며 읽어 주는 영상이 많이 올라와 있습니다.

위의 사진은 '직업에서 유래된 영미 문화권의 성'과 관련해 문화 지도를 하기 위해 영상을 검색한 장면입니다. 여러 영상을 살펴보다 보니 교과서에 나오는 것보다 훨씬 많은 사례를 알 수 있었고 영미권뿐만 아니라 다른 국가들도 직업이나 살았던 지역에서 성이 유래한 경우가 많다는 것을 알게 되었습니다. 덕분에 다양한 사례와 함께 깊이 있는 문화 지도를 할 수 있었습니다. 아픈 곳을 묻고 답하는 표현을 가르치는 단원을 준비할 때는 외국인 유튜버들이 올려 둔 'sick day' 브이로그 영상들을 보면서 외국인들이 아플 때 어떤 표현을 사용하는지 살펴보았고, 교과서에 나오는 표현이 많이 사용된 영상은 수업에 활용했습니다.

◉▬ 실감 나는 연기와 다양한 소품 사용하기

수업 영상에 재미를 더하는 가장 좋은 방법 중 하나는 선생님이 실감
나는 연기를 하는 것입니다. 학생들은 학교에서 근엄해 보이던 우리 선
생님이 여러 가지 목소리를 내고 때로는 망가지는 모습도 보일 때 선생
님에 대한 호감이 수직 상승합니다. 하루는 한 학생이 '선생님이 우리를
위해 고생이 많으십니다.'라는 메시지를 전해 주어 웃음을 터뜨렸던 적
이 있습니다. 저처럼 혼자서 여러 가지 역할을 연기할 때는 다양한 소품

배가 아픈 학생과 의사를 연기하는 모습

과학을 좋아하는 남학생을 연기하는 모습

다친 모습을 연출하기 위해 피 분장을 하는 모습

실물(달걀)을 이용해서 주요 단어를 지도하는 모습

모자의 크기를 비교하기 위해 서로 다른 크기의 모
자를 쓰고 있는 모습

을 활용하면 좋습니다. 먼저 인스턴트 음식만 먹으며 생활하다 배가 아파 쓰러진 학생을 실감 나게 연기했습니다. 그런데 바로 다음 장면에서는 의사로 등장해야 한다면 어떻게 해야 할까요? 저는 우선 과학실에서 하얀 실험복을 빌려와 의사 가운처럼 입고 안경을 쓰고 머리를 묶어 앞에서 연기한 학생과는 전혀 다른 분위기의 의사로 변신했습니다. 과학을 좋아하는 남학생을 연기할 때는 인터넷에서 저렴한 가발을 구입해 착용하고 과학실에서 실험 도구를 들고 촬영했고, 복도에서 뛰어다니다 다친 학생을 연기했을 때는 붉은 물감을 이마에 칠해 피처럼 연출하기도 했습니다. 연기를 하거나 분장하는 것이 부담스럽다면 실물 자료를 활용해 수업 영상에 재미를 더할 수 있습니다. 선생님들이 수업 영상을 만들 때 PPT나 사진 자료를 많이 사용하기 때문에 실물 자료를 보여 주면 학생들의 주의를 집중시키는 데 매우 효과적입니다.

저는 읽기 지문에 나온 주요 단어를 가르치기 위해 실제 달걀과 버터, 편지지 등 여러 물건을 가져와 촬영하기도 하고, 비교급 표현을 지도할 때는 'bigger(더 큰)'를 가르치기 위해 일반 크기의 캡 모자와 커다란 베트남 전통 모자를 쓰고 크기 비교를 하기도 했습니다.

〈선생님의 실감 나는 연기를 본 학생의 댓글〉

ㅎㅎㅎㅎㅎ
정말 재미있어요😄😄😄😄😄😄😄😄😄😄😄😄😄 배급빠지도록 재미있게웃고갑니다

이정도면 연기대상에서 대상받을수있을듯여

단어 복습할때 직접 물건을 보여주시니 더 쉬워요!! 선생님 유익하고 재미있는 영상 올려 주셔서 감사해요♥♥♡♡♡♥

Part 2 온라인 수업 사례로 수업 감 익히기

🔘 중독성 있고 재미있는 노래 만들기

피아노, 리코더, 소고 등 다양한 악기를 이용해 노래를 연주하고 부르는 모습

초등 영어 교과는 찬트나 노래를 사용해 표현을 지도하도록 국가 교육과정에서 명시하고 있습니다. 하지만 영어뿐만 아니라 다른 교과목도 핵심 내용을 쉽고 간단한 노래로 제시하면 학생들이 학습한 내용을 기억하는 데 큰 도움이 됩니다. '한국을 빛낸 100명의 위인들' 노래를 불러 보았다면 제 말에 많은 공감이 될 겁니다. 저는 그 노래로 많은 위인들의 특징을 기억할 수 있었습니다.

저는 작곡에 문외한입니다. 하지만 온라인 수업 영상을 촬영하면서 많은 노래를 직접 만들었는데 그 방법은 두 가지입니다. 첫 번째 방법은 평소에 어디선가 들어 봤던, 누구나 금방 흥얼거릴 수 있는 멜로디에 수업 내용을 가사로 만들어 붙이는 것입니다. 제가 'What grade are you in?' 표현을 가르칠 때 'London Bridge is falling down'의 가사를 바꿔 '웟~ 그레이드 알유인~ 알유인~ 알유인~' 하고 노래를 불렀더니 제 영상을 본 많은 학생들과 선생님들이 이 노래가 머리에서 떠나지 않는다는 후기를 남겨 주었습니다.

두 번째 방법은 빠르게 반복되는 비트에 가사를 붙이는 것입니다. 인터넷에서 저작권이 없는 무료 비트를 검색하거나 아이폰 개러지 밴드와 같은 음악 제작 애플리케이션에서 제공하는 기본 비트를 반주로 활용하는 것입니다. 비트를 재생하고 그 위에 선생님의 목소리를 녹음하면 됩니다. 자세한 과정은 온라인 수업 편집 파트에서 소개하겠습니다.

저는 교과서의 차시별 활동과 비슷하게 맞추느라 단원 1, 2차시에만 노래를 제시하는 경우도 있었는데 여러 번 수업을 해 보니 노래를 한 번 만들면 단원 처음부터 끝까지 차시마다 제시하는 것이 좋겠다는 생각이 들었습니다. 노래는 한 번 부르는 데 시간도 많이 소요되지 않고, 차시마다 노래를 부르면 자연스럽게 학생들의 입에 붙어 배운 내용을 오래 기억할 수 있습니다.

같은 노래를 차시마다 제시할 경우에는 처음에 만든 영상 하나를 계속 이용해도 되지만 다양한 악기나 소품을 이용해 재미를 더할 수 있습니다. 저는 'What grade are you in?' 노래를 피아노, 리코더, 소고 등 악기를 다양하게 바꾸어 가며 부르고 수업 차시별로 다르게 제시했습니다. 특히 소고가 등장한 영상은 영어와 한국 악기 소고라는 의외의 조합 때문에 학생들이 매우 흥미로워했습니다.

⬤● 게임 활동하기

풍선을 이용한 다섯 고개 퀴즈

화면에서 빠르게 떨어지는 단어를 읽고, 그 단어들을 조합해서 문장을 쓰는 게임

교사가 보여 주는 알파벳이나 단어들을 조합해서 단어 또는 문장을 쓰는 게임

　　수업 영상이라고 해서 계속 강의식으로 설명만 하는 것은 아닙니다. 특히, 초등학교 현장에서는 학생들과 다양한 놀이나 게임을 통해 재미있게 수업을 하는 경우가 많습니다. PPT로 구현할 수 있는 게임이나 교사가 말로 진행하는 게임은 수업 영상에도 담아낼 수 있습니다. PPT를 활용한 게임은 슬라이드 쇼를 화면 녹화하고 교사의 설명을 추가해 수업 영상에 담으면 학생들이 영상을 보면서 혼자 게임을 해 볼 수 있습니다.

　　수업 영상에 가장 담기 좋은 게임은 퀴즈인데 다섯 고개 퀴즈, O/X 퀴즈, 진짜/가짜 퀴즈 등 다양한 유형이 있고 같은 유형의 퀴즈라도 소품을 활용해서 색다른 방식으로 제시할 수 있습니다. 위 사진에 보이는 것과 같이 다섯 고개 퀴즈를 진행할 때 풍선을 준비해서 힌트를 하나씩 추가할 때마다 풍선을 터뜨리며 점수가 줄어드는 것을 보여 주면 스릴과 재미를 더할 수 있습니다. 또 다른 예로 영어 교과에서는 알파벳이나 단어 순서를 섞어서 제시하고 그것들을 조합해 단어나 문장을 만드는 게임을 종종 합니다. 여러 단어를 섞어서 한 화면에 바로 제시할 수도 있지만 두 번째 줄 사진처럼 PPT에서 애니메이션 효과를 사용해 단어가 하나씩 빠르게 화면을 지나가도록 하면 학생들이 더 집중해서 단어를 읽게 됩니다. PPT 대신 선생님이 직접 단어 카드를 하나씩 보여 주면서 게임을 진행할 수도 있습니다. 저는 이 게임을 멀리서 단어 카드를 하나씩 들고 뛰어오기, 자리에 앉아 카드를 하나씩 넘기며 보여 주기, 높은 곳에서 점프하며 단어 카드 보여 주기 등 다양한 방법으로 제시했습니다.

◉ 편집 기술로 흥미로운 장면 만들기

크로마키를 사용하기 위해 초록색 천 앞에서 촬영하는 모습

크로마키로 배경을 바꾸거나 같은 사람을 한 화면에 여러 명 등장시킨 모습

애니메이션 효과로 수업 장면을 재미있게 연출한 모습

편집 기술을 활용하면 한 장면에 내가 여러 명 등장하여 상황극을 만들 수도 있고, 교실에서 촬영했지만 프랑스 파리로 떠난 것처럼 배경을 바꿀 수도 있습니다. 그 기술은 바로 '크로마키 효과'입니다. 아마 이 단어가 생소한 분들도 있을 텐데요. 가끔 TV에서 일기예보 촬영장이나 액션 영화 촬영장 모습을 보면 초록색이나 파란색 천으로 둘러싸인 세트장에서 촬영하는 모습을 볼 수 있습니다. 영상 편집 프로그램에서 '크로마키 효과'를 사용하면 배경으로 사용된 초록색 또는 파란색만 싹 사라지게 만들어 그 자리에 새로운 배경을 삽입할 수 있게 됩니다. 그렇게 배경을 없앤 영상은 사람만 떼어 내 다른 영상과 합칠 수도 있습니다.

크로마키 효과를 익힌 후에는 저 혼자 두 사람을 연기해 서로 대화를 주고받는 모습을 연출하거나, 찬트 영상에서 저를 3~4명 등장시켜 웃긴 장면을 만들기도 했습니다. 그리고 어떤 대상에 대해 설명할 때 그것의 사진이나 영상을 배경으로 넣을 수 있어 유용합니다. 예를 들어 역사 시간에 경복궁에 설명해야 할 때 선생님 뒤로 경복궁 전경이 쭉 보인다면 훨씬 더 실감나는 수업 영상이 되겠죠?

또 크로마키 효과는 다양한 예능 효과를 넣는 데도 유용합니다. 유튜브에서 사람들이 무료로 배포해 놓은 그린 스크린 효과(Green screen effect) 영상을 사용하면 되는데요, 그린 스크린 효과 영상은 초록색 바탕 위에 다양한 애니메이션 효과를 만들어 놓은 영상을 의미합니다. 그 영상을 다운로드하여 크로마키 효과를 적용하면 나의 편집 실력으로는 만들 수 없는 재미있는 애니메이션 효과를 영상에 쉽게 적용할 수 있습니다. 왼쪽 사진을 보면 제가 당황해서 땀방울이 옆으로 솟아나는 모습이 보이시죠? 이런 식으로 예능 프로에서 자주 보이는 재미있는 영상 효과를 쉽게 넣을 수 있습니다.

그리고 편집 기능을 이용하면 두 개의 영상을 한 화면에 같이 삽입할 수 있기 때문에 재미있는 장면을 연출할 수 있습니다. 저는 제 외국인 친구와 대화하는 장면을 연출하고 싶어서 친구에게 대본을 보내 주고 대사를 말하는 모습을 영상으로 찍어서 보내 달라고 부탁했습니다. 그리고 제가 말하는 영상과 친구의 영상을 한 화면에 나란히 놓아 마치 서로 화상 통화를 하는 것처럼 장면을 꾸몄습니다. 이처럼 편집 기능을 잘 활용하면 아주 재미있는 수업 영상을 만들 수 있습니다.

실제 온라인 수업 교육과정 구성 사례 2

블렌디드 수업 교육과정 계획 사례

2020년 1학기 수업에서 아쉬웠던 점을 보완하기 위해 2학기부터는 실시간 쌍방향 수업을 포함한 블렌디드 수업을 하게 되었습니다. 2학기에도 코로나 상황이 계속 이어졌고, 수업 유형도 이전보다 다양해져서 수업 일정이 바뀔 경우를 대비한 더 구체적인 계획을 짜야 했습니다. 제가 수업 전에 미리 짰던 수업 계획과 실제 수업 사진을 함께 보여 드립니다.

단원명	10. What season do you like? (1~6차시)
단원 목표	(듣기)　좋아하는 계절을 묻고 답하는 말을 듣고 이해할 수 있다.
	(말하기) 좋아하는 계절을 묻고 답하는 말을 묻고 답할 수 있다.
	(읽기)　좋아하는 계절을 묻고 답하는 말을 읽고 이해할 수 있다.
	(쓰기)　주요 낱말, 어구 및 문장을 바르게 쓸 수 있다.
주요 표현	좋아하는 계절에 대해 묻고 답하기
	(예: What season do you like? – I like fall because the leaves are beautiful.)
	헤어질 때 하는 말하기 (Take care.)
수업 일정	총 6차시로 1–3차시 온라인 수업, 4–5차시(통합) 등교 수업, 6차시 온라인 수업

◯▶ 1차시 온라인 수업 (등교 수업 시 같은 활동으로 운영)

유형	실시간 쌍방향 수업 (Zoom)	

활동 1 다양한 자연의 소리를 듣고 무슨 계절인지 생각해 보기
 계절이 드러나는 사진을 보며 계절별 특징에 대해 이야기 나누기

활동 2 교과서 대화 영상을 시청하고 주요 표현을 듣고 따라 하는 연습하기

활동 3 선생님과 외국인 친구의 대화 영상을 보고 퀴즈 풀기

• 평가 계획: 활동 3 퀴즈 결과 확인

• 과제: 패들렛에 접속하여 자신이 좋아하는 계절을 선택하고 그 이유를 사진이나 그림, 또는 단어
나 짧은 글로 표현하기

활동 1 자연의 소리 퀴즈

활동 3 캐나다인 친구와의 대화 영상

　1차시 수업은 Zoom 수업으로 이루어졌고 등교 수업으로 전환될 경우 같은 활동으로 운영이 가능합니다. 단원 도입부(1, 2차시)는 핵심 내용을 교사가 직접 전달하고 학생들의 이해도를 확인할 수 있도록 실시간 쌍방향 수업이나 등교 수업으로 진행하는 것이 좋습니다. 이 단원은 좋아하는 계절에 대해 묻고 답하는 표현을 배우므로 우선 학생들과 계절에 대해 다양한 이야기를 나누어 보려 했습니다. 처음에 4계절을 영어로 표현하는 법을 간단하게 알려 주고 다양한 자연의 소리(개구리 소리, 파도 소리, 눈 밟는 소리 등)를 들려준 후 무슨 계절이 떠오르는지 물었습니다. 이후 계절별 사진을 살펴보며 떠오르는 점들에 대해 자유롭게 발표했습니다.

활동 2에서는 교과서 영상을 활용해 주요 표현을 듣고 따라 말하는 연습을 했습니다. 활동 3은 제가 외국인 친구와 캐나다의 겨울에 관련해 대화하는 영상을 보여 준 후 화면 공유로 PPT를 띄워 대화 속 내용 확인 퀴즈를 제시했습니다. 학생들이 제가 외국인 친구와 실제로 대화를 하는 영상을 매우 흥미로워했습니다. 외국인 친구는 사실 제가 평소 이용하는 화상 영어 사이트의 선생님인데 이 수업을 위해 일부러 관련 주제에 대해 대화를 해 달라고 부탁을 드렸습니다. 덕분에 학생들에게 실제 캐나다 사람들이 즐기는 겨울 스포츠나 음식 등 문화 관련 내용을 전달할 수 있었습니다. 퀴즈에서 객관식 문제는 학생들이 손가락으로 정답 번호를 카메라에 비추고, 주관식은 채팅창에 답을 쓰도록 했습니다. 등교 수업으로 변경될 시에는 활동 3에서 학생들에게 개별 활동지를 제공하여 퀴즈를 풀도록 하고 수업 후 평가 자료로 활용할 수도 있습니다.

과제로는 패들렛 링크를 주고 학생들이 실제로 가장 좋아하는 계절을 골라 그 이유를 사진, 그림 또는 자신이 쓸 수 있는 짧은 글을 활용해 업로드하도록 했습니다. 학생들이 올리는 과제물과 조사 결과를 다음 시간에 활용하겠다고 안내하여 1차시 과제와 2차시 수업을 연계했습니다.

◉▷ 2차시 온라인 수업 (등교 수업 시 같은 활동으로 운영)

유형	콘텐츠 활용 중심 수업 (수업 영상 & e교과서)	

활동 1　학생들이 가장 좋아하는 계절과 그 이유에 대해 알아보기
활동 2　주요 표현을 활용한 노래 익히기
활동 3　e교과서에 나오는 교과서 대화 영상을 시청하고 표현 따라 말하기

• 평가 계획: 이후 Zoom 수업, 등교 수업 시 관찰 평가
• 과제: 수업 중 배운 노래 따라 불러 보기
　　　대화 영상 시청하며 표현 따라 하기

활동 1 학생들의 과제물 활용

활동 2 주요 표현 노래로 익히기

　2차시 수업에서 활동 1, 2는 제가 직접 만든 수업 영상을 제공했고 활동 3은 e교과서 링크를 제공했습니다. 2차시 수업을 콘텐츠 활용 중심 수업으로 정한 이유는 학교 실정상 실시간 쌍방향 영어 수업을 주 1회밖에 할 수 없었고, 2차시 학습 내용이 1차시에서 익힌 내용과 거의 비슷하여 학생들이 스스로 학습할 수 있을 것이라 판단했기 때문입니다. 이 차시가 등교 수업으로 바뀔 경우에는 같은 활동들로 진행하되 활동마다 학생들의 발화량을 늘릴 수 있도록, 줄별로 팀을 나누고 팀별로 번갈아 가며 반복 연습을 하도록 계획을 세웠습니다. 코로나 상황이라 짝, 모둠 활동은 불가능했기 때문입니다.

활동 1은 학생들이 1차시 수업 과제로 제출한 패들렛 게시물을 활용해 진행했습니다. 실제 우리 학교 6학년 학생들이 가장 많이 좋아한다고 답한 계절은 겨울이었다는 것을 발표하고, 재미있고 독특했던 학생들의 과제물을 보여 주며 주요 표현을 지도했습니다. 미리 수업에 과제물을 활용할 것이라 안내했지만 부끄러워할 학생이 있을 것 같아 학생의 이름은 공개하지 않았습니다. 특정 계절을 좋아하는 이유로 다양한 답변이 나왔지만, 그중 가장 많이 나온 답변은 '내 생일이 있기 때문에'였습니다. 그래서 비록 교과서에는 없지만 그 표현을 학생들에게 추가로 지도했습니다. 이는 수업 내용과 학생들의 관심사를 연결하기 위한 전략이었습니다. 이때 배운 표현을 학생들이 다른 단원에서도 사용하는 모습을 관찰할 수 있었습니다. 평가는 말하기 차시의 경우 녹음 과제를 제시할 수 있으나 3차시에 녹음 과제가 예정되어 있어 이번 차시는 따로 진행하지 않았고 이후 Zoom 수업 및 등교 수업 때 학생 관찰을 통해 살피도록 계획했습니다.

⬤◗ 3차시 온라인 수업

유형	콘텐츠 활용 중심 수업 (수업 영상 & e교과서)	

활동 1 　 강세와 어조를 고려하여 주요 표현 읽기 연습하기
활동 2 　 주요 단어, 문장 쓰는 방법 익히기
활동 3 　 읽기, 쓰기 교과서 문제 풀기

· 평가 계획: 패들렛 녹음 과제 평가
· 과제: 강세와 어조를 고려해 주요 표현 문장을 읽고 녹음하여 패들렛에 업로드하기
　　　　교과서 쓰기 문제 풀기

(등교 수업 시 활동 변경)
활동 2 　 주요 단어, 문장 쓰는 법을 익혀 교과서 문제 풀기
활동 3 　 단어 카드를 조합하여 문장을 완성하는 게임 하기

· 평가 계획: (1) 수업 중 관찰 평가 (2) 활동 3 활동지 평가

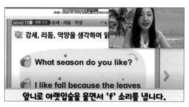
활동 1 강세와 어조를 고려하여 읽기 연습

활동 3 교과서 문제 풀기

　　3차시는 온라인과 등교 수업의 활동 구성이 조금 다릅니다. 온라인 수업에서는 학생들이 e교과서를 활용해 읽기와 쓰기를 차례대로 연습하고 문제를 풀 수 있도록 도움 영상을 제공했습니다. e교과서만 볼 경우에 따로 설명되지 않는 부분들, 예를 들어 문장을 읽을 때 주의해야 하는 특정한 발음(f, v 발음)이나 문장을 쓸 때 마침표를 꼭 찍어야 하는 등 유의해야 할 점들을 구체적으로 지도했습니다. 추가로 패들렛 녹음 과제를 통해 평가를 진행했습니다.

3차시는 등교 수업으로 바뀔 경우를 대비해 마지막 게임 활동을 따로 구상해 두었습니다. 그 이유는 콘텐츠 활용 중심 수업에 비해 실제 등교 수업 시간이 훨씬 길기 때문입니다. 수업 영상은 보통 학생들의 집중 시간을 고려해 핵심 내용만 담아 10분 이내에 끝나지만 실제 수업은 시간이 훨씬 길기 때문에 교과서 활동으로 기본 연습과 문제 풀이를 하고 추가로 게임 활동을 통해 여러 번 반복 연습을 할 수 있게 계획했습니다.

댓글로 개별 피드백 제공

녹음 파일로 개별 피드백 제공

저는 학생들의 녹음 파일을 확인하고 잘한 점과 보완하면 좋을 점을 댓글로 남겨 개별 피드백을 제공했습니다. 그런데 말하기, 읽기 차시에 녹음 과제를 낼 경우 발음이나 억양이 잘못된 부분을 교정해 주는 것은 제가 직접 시범으로 보여 주는 것이 좋겠다는 생각이 들어 이후에는 피드백을 댓글이 아닌 말로 직접 녹음하여 학생 게시물 아래에 올려 주었습니다.

◯● 4-5차시(통합) 온라인 수업

유형	등교 수업	

활동 1	각 계절의 특징 마인드맵 만들기
활동 2	긴 문장 쓰기 게임

• 평가 계획: 활동 2 활동지 평가

(온라인 수업 시 활동 변경)

유형	실시간 쌍방향 수업 (Zoom)	

활동 2	모둠 협력 글쓰기

• 평가 계획: (1) 수업 중 관찰 평가 (2) 활동 3 결과물 평가

동기 유발 퀴즈

활동 1 마인드맵 만들기

　4-5차시는 읽기, 쓰기를 연습하는 차시인데 6차시 수업을 실시간 쌍방향 수업 일정에 맞추기 위해서 통합하여 운영했습니다. 등교 수업 수가 많지 않았기 때문에 학생들이 온라인 수업을 통해 연습한 다양한 언어 기능을 활용할 수 있도록 수업을 계획했습니다.

　처음에 동기 유발로 제가 특정 계절을 떠올렸을 때 생각나는 단어들을 제시하고 무슨 계절과 연관되는 단어일 것 같은지 퀴즈를 냈습니다. 활동 1에선 학생들이 직접 각 계절을 떠올렸을 때 생각나는 것들이 무

엇인지 질문하여 함께 대화를 나누면서 마인드맵을 완성했습니다. 활동 3은 자신이 어떤 계절을 좋아하는지 짧은 글을 쓰는 활동입니다. 코로나 상황을 고려하여 학생 개별로 활동하되 각자의 문장 점수를 자신이 속한 팀 점수에 더할 수 있도록 했습니다. 문장이 길수록 점수가 높아지는데 팀 대항이라는 경쟁 요소가 있어 많은 학생들이 문장을 더 길게 만들기 위해 열심히 생각하고 고민하는 모습을 볼 수 있었습니다. 문장을 다 쓴 후에는 팀별로 돌아가면서 자신의 글을 소리 내어 읽어 보도록 했고 팀별 점수를 계산해 결과를 발표했습니다. 학생들이 작성한 활동 3의 활동지는 원어민 선생님이 철자나 문법이 틀린 부분을 수정하고 다음 수업 때 돌려주어 개별 피드백이 이루어지도록 했습니다.

★ 활동지를 체크하면 개별 학생들의 쓰기 수준을 파악할 수 있고, 어떤 부분에서 실수가 자주 발생하는지 확인할 수 있습니다.

　4차시 수업이 온라인으로 바뀔 경우엔 실시간 쌍방향 수업을 하기로 하고 활동 3을 조금 다르게 계획했습니다. Zoom 수업에서는 소회의실 기능으로 모둠별 토의 활동이 가능하기 때문에 개별 쓰기 활동이 아닌 모둠별 협력 글쓰기 활동으로 바꾸었습니다. 모둠별로 소회의실에서 같이 짧은 글을 구상하고 구글 프레젠테이션에 글을 입력한 후에 한 명당 한 문장씩 읽기 연습을 하여 모둠별 발표를 하고 마치는 활동으로 계획했습니다.

◯▶ 6차시 온라인 수업 <small>(등교 수업 시 같은 활동으로 운영)</small>

유형	실시간 쌍방향 수업(Zoom)	

활동1 친구가 좋아하는 계절은? 퀴즈
활동2 주제 그림 그리고 이야기 나누기
활동3 문화 지도(모네의 미술관)

• 평가 계획: 활동 중 관찰 평가
• 과제: e-book을 활용해 단원 마무리 문제 풀기

복습 활동으로 틀린 단어 고치기

활동 1 친구가 좋아하는 계절 퀴즈

활동 2 주제 그림 그리고 이야기 나누기

활동 3 문화 지도(모네의 미술관)

6차시는 단원 마무리 차시로 실시간 쌍방향 수업을 통해 학생들이 다양한 언어 기능을 활용할 수 있도록 했습니다. 먼저 전 차시 복습 활동으로 잘못 쓰인 단어를 제시하여 학생들이 단어를 읽고 틀린 철자를 찾아 고쳐 보도록 했습니다. 활동 1에서는 특정 계절과 관련한 물건을 보고 친구가 무슨 계절을 좋아하는지 맞혀 보는 퀴즈를 진행했습니다. 재미를 더하기 위해 물음표 주머니에서 선글라스, 귤 등 실제 물건을 꺼내 보여 주고 답을 문장으로 써 보도록 했습니다.

활동 2에서는 자신이 좋아하는 계절과 음식을 연관 지어 이야기해 보는 활동을 했습니다. 종이에 자신이 좋아하는 계절 음식을 그린 후, 문장을 씁니다.(예: I like spring because I like strawberries.) 1~2분 정도 시간을 주고 카메라에 그림을 비추도록 한 후 눈에 띄는 작품을 발표해 보도록 했습니다. 이때 시범 발표로 1~2명만 지목해서 발표한 후 소회의실로 학생들을 보내서 모둠별로 돌아가면서 발표를 하도록 하면 더 많은 학생들이 발화 기회를 가질 수 있습니다.

활동 3은 매 단원 마무리에서 다루는 문화 관련 지도 부분입니다. 이 단원은 계절감이 잘 드러나는 명화를 감상하는 것이 주제여서 '모네의 미술관'을 콘셉트로 잡았습니다. Zoom에서 PPT를 가상 배경으로 사용하여 제가 마치 미술관에 있는 것처럼 보이게 하고 잔잔한 클래식 음악을 튼 후 역할극을 시도했습니다. 화면 아래에 대사를 띄워 두고 제가 도슨트, 학생들이 방문객으로 역할을 맡아 번갈아 가며 대화를 했습니다. 학생들이 읽어야 하는 대사는 파란색으로 표시하고 마이크 아이콘을 붙여 쉽게 알아볼 수 있도록 했습니다. 역할극이 끝난 후엔 모네의 다양한 작품들을 살펴보았습니다. 그림을 크게 띄워 그림 속에 무엇이 보이는지, 어떤 색이 사용됐는지, 어떤 느낌이 드는지 등 단계별로 질문하고 자유롭게 표현해 보도록 했습니다. 학생들이 답을 할 때, 주석 기능을 사용해 그림 위에 바로 입력하니 더 적극적으로 참여했습니다.

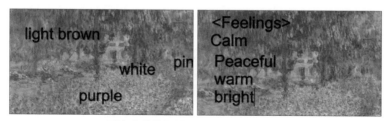

주석 기능을 활용해 학생들의 답변을 기록한 모습

언어의 4기능을 다양하게 연습할 수 있는 활동들이 많아 수업 중 관찰 평가를 진행했고, 특히 평소 쓰기 영역에서 성취 기준에 도달하지 못했던 학생들이 작성한 활동 결과물들을 더 유심하게 살펴보았습니다. 이후 학생들이 스스로 교과서 단원 마무리 문제를 풀어 보도록 과제를 제시하고 수업을 마쳤습니다.

학생들의 관계를 증진하는 블렌디드 수업 사례

저는 수업을 하기 전에 학생들과 먼저 좋은 관계를 쌓는 것이 가장 중요하다고 생각해 왔습니다. 저와 같은 생각을 하는 선생님들이 많을 거라고 생각합니다. 그래서 담임이 아닌 교과 전담을 맡더라도 첫 수업 날 모든 학생들의 사진을 찍어 일주일 안에 학생들 얼굴과 이름을 다 외우고 항상 이름을 불러 주려고 노력했습니다. 그런데 2020년은 코로나 때문에 학생들의 얼굴도 보지 못했고 1학기가 다 지나도록 이름도 외우지 못해 안타까운 마음이 컸습니다. 그러다 2학기 들어 일주일 단 한 번이지만 실시간 쌍방향 수업을 하니 등교 수업 때는 마스크에 가려 보지 못했던 학생들의 얼굴도 마음껏 볼 수 있었고 학생들 한 명 한 명의 특징도 점차 눈에 띄기 시작해 무척 기뻤습니다. 그래서 우리 학생들도 학급 친구들에 대해 더 많이 알고 가까워졌으면 좋겠다는 바람이 생겼습니다. 다음은 학생들 간의 관계를 증진하기 위해서 단원 내용을 재구성한 수업입니다.

◯● 기존 교과서 단원 내용

단원명	13. When is the school festival? (1~6차시)
단원 목표	(듣기) 날짜를 묻고 답하는 말을 듣고 이해할 수 있다. (말하기) 날짜를 묻고 답하는 말을 묻고 답할 수 있다. (읽기) 날짜를 묻고 답하는 말을 읽고 이해할 수 있다. (쓰기) 주요 어구 및 문장을 바르게 쓸 수 있다.
주요 표현	날짜를 묻고 답하기 (예: When is the school festival? – It's December 8th.) 반복 요청하기 (I'm sorry?)
수업 일정	총 6차시로 1~5차시 온라인 수업(4차시 과제 수행 중심 수업), 6차시 등교 수업 *연휴 등 중간에 쉬는 날짜가 몇 번 있어 수업 일정상 실시간 쌍방향 수업이 다른 단원 보다 많이 이루어졌습니다.

◯● 재구성 내용

교과서에서는 날짜를 묻고 답하는 표현을 제시하기 위해 학교 축제, 운동회, 콘서트 등의 이벤트를 소재로 삼았습니다. 그래서 쓰기 차시 주제가 '학교 행사 안내문 작성하기'였습니다.

저는 학생들이 서로의 생일을 묻고 답하는 표현을 주요 표현으로 삼고, 친구 인터뷰 활동 및 친구 소개글 쓰기를 주요 활동으로 선정해 날짜를 묻고 답하는 표현뿐만 아니라 이전 단원에서 배웠던 '좋아하는 과목/활동/계절을 묻고 답하는 표현(3, 10단원), 과거 경험/미래 계획/습관 등을 묻고 답하는 표현(7~9단원)'을 다양하게 활용해 볼 수 있도록 재구성하였습니다.

• 평가 계획: 활동 중 관찰 평가

활동 1 노래를 활용해 월(month)을 영어로 익히기

유튜브에서 찾은 Months of the year song을 이용해 '월(月)'을 영어로 말하는 법을 익힌 후 1일~31일을 영어로 말할 수 있게 연습했습니다.

활동 2 주요 표현 연습하기(생일 묻고 답하기)

선생님의 생일을 묻고 답하는 표현을 듣고 따라 하는 연습을 했습니다.

활동 3 친구의 생일을 맞히는 Up & Down 퀴즈

한 학생을 지목하여 "When is Jimin's birthday?" 하고 물으면 다른 학생들이 지민이의 생일을 추측해 말합니다. 지민이의 생일이 만약 9월 9일이라면 단순하게 숫자를 기준으로 Up 또는 Down이라고 외칩니다. (예) 학생 A: September 5th? 지민: Up. / 학생 B: September 13th? 지민: Down.

1차시라 영어로 날짜를 말했을 때 학생들이 잘 이해하지 못하면 진행이 어려울 것 같아 학생들이 물어본 날짜를 메모장에 기록하여 화면에 보여 주며 게임을 진행했습니다.

• 평가 계획: 패들렛 녹음 과제 평가
• 과제: 배운 표현을 응용하여 날짜를 묻고 답하는 대화를 패들렛에 녹음하여 올리기

수업 동기 부여 자료로 학생들에게 영어 뉴스 영상을 보여 주며 수업을 열었습니다.

활동 1 날짜를 묻고 답하는 표현 복습하기

1차시에서 활용한 노래와 강의로 날짜를 묻고 답하는 표현을 복습했습니다.

활동 2 교과서 대화 영상 듣고 따라 말하기

학생들이 날짜를 묻는 표현을 다양하게 응용할 수 있도록 교과서 영상을 활용해 말하기 연습을 했습니다.

과제로는 학생들이 배운 표현을 활용해 날짜를 묻고 답하는 대화문을 만들고 패들렛에 녹음해 올리도록 했습니다. 학생들이 표현을 알맞게 사용했는지, 자신감 있고 유창하게 말을 했는지를 평가하여 녹음 파일로 개별 피드백을 제공했고, 창의적인 대화문을 만든 학생들에게는 창의성을 발휘한 점에 대해 많은 칭찬을 해 주었습니다.

• 평가 계획: 추후 친구 소개글 과제 및 발표 활동으로 평가 예정

간단한 복습 후 2명씩 짝을 지어 친구 인터뷰를 진행하겠다고 학습 문제를 제시하고 수업을 열었습니다.

활동 1 인터뷰 질문 아이디어 구상하기

지금까지 배운 다양한 표현들을 활용해서 어떤 질문들을 할 수 있을지 묻고 학생들의 응답을 받았습니다. 친구의 생일, 취미, 잘하고 좋아하는 것, 형제나 애완동물이 있는지 등과 관련한 질문이 나왔습니다. 영어를 어려워하는 학생들을 위해 해당 질문들을 어떻게 묻고 답할 수 있는지 예시를 들어 주었습니다.

활동 2 짝지어 인터뷰 활동하기

랜덤으로 인터뷰 짝을 정해 주고 소회의실 번호를 지정해 주었습니다. 이후 학생들이 소회의실에 들어가 서로 인터뷰하고 그 내용을 친구 소개글 쓰기 과제를 위해 메모하도록 했습니다. 도움을 요청하는 학생들의 소회의실을 다니며 어려움을 느끼는 부분을 해결할 수 있도록 도움을 주었습니다.

• 평가 계획: 패들렛 친구 소개글 과제 평가
• 과제: (1) 전 차시 수업에서 조사한 친구의 정보를 바탕으로 친구 소개글 써서 패들렛에 올리기
　　　 (2) e-book을 활용해 날짜를 묻고 답하는 표현을 강세에 맞게 연습하기
　　　 (3) 교과서 읽기, 쓰기 문제 풀기

4차시 수업은 과제 수행 중심 수업으로 학생들이 해야 할 과제를 영상으로 만들어 제시했습니다. 친구 소개글 예시를 제공하고 학생들이 인터뷰한 내용을 바탕으로 소개글을 써 패들렛에 올리도록 했고, 사정이 있어 참여하지 못한 학생들은 자기소개 글로 대체하도록 했습니다. 영어에 자신이 있는 학생들은 과제를 금방 업로드하여 다른 학생들이 그 학생들의 글을 보고 참고할 수 있었습니다. 어려움을 겪는 학생들에게는 제가 한글 번역이 된 기본 틀을 제공하고 빈칸을 채워 글을 완성할 수 있도록 자료를 제공했습니다. 짧은 친구 소개글을 형식을 갖춰 작성할 수 있는지, 배운 문장을 오류 없이 쓸 수 있는지 평가했고 대·소문자 구분 및 구두점 사용 등 학생들이 자주 범하는 실수는 지도를 위해 따로 기록해 두었습니다.

차시	5차시	

- 평가 계획: 친구 소개글 발표 평가
  자기, 상호 평가하기(멘티미터 & 구글 설문지)
- 과제: 구글 프레젠테이션에 친구에 대한 퀴즈 한 문장 내기

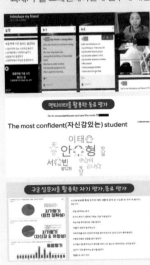

활동 1 친구 소개글 발표하기

학생들이 작성한 친구 소개글을 돌아가며 발표했습니다. 친구의 발표를 경청할 수 있도록 누가 가장 자신감 있는 태도로, 정확하게 글을 읽고 발표하는지 기억해서 동료 평가를 할 것이라 예고했습니다. 그리고 다음 차시에 학급 친구 퀴즈 대회를 할 것이니 친구들의 정보를 잘 들어 두면 좋을 것이라고 말했습니다.

발표가 끝난 후에는 학생들을 칭찬해 주고, 글에서 학생들이 자주 실수한 부분에 대한 지도를 했습니다. 이후 멘티미터를 활용해 가장 자신 있게 발표한 학생을 투표하도록 해 동료 평가를 진행했습니다. 또한 학생들이 자신의 글이 구글 설문지로 정확하게 쓰였는지, 유창하고 자신감 있게 발표했는지 자기 평가를 하도록 했습니다. 그리고 과제로 구글 프레젠테이션에 발표 중에 들은 내용을 바탕으로 친구에 대한 퀴즈를 하나씩 만들도록 했습니다.

차시	6차시	

- 평가 계획: 수업 중 관찰 평가

단원 마무리를 위해 그동안 수업에 활용했던 노래, 퀴즈 등을 활용해 날짜를 묻고 답하는 방법을 복습하고, 학생들이 자주 틀리게 말하는 5일, 21일, 22일(fifth, twenty first, twenty second) 등의 일자를 다시 꼼꼼하게 짚어 주었습니다.

활동 1 학급 친구 퀴즈 대회

학생들이 과제로 작성해 온 학급 친구 퀴즈 문제를 가지고 퀴즈 대회를 열었습니다. 두 팀으로 나누어 대회를 진행했습니다. 문제는 번호 순대로 작성되어 있어 각 학생이 자신이 낸 문제를 큰 소리로 읽으면 다른 학생들이 답을 맞히고 답을 맞힌 학생이 속한 팀에 점수를 주었습니다. 고학년들은 그냥 문제를 풀도록 하면 발표에 적극적인 학생들 외에 발표를 잘 하지 않기 때문에 각 팀에서 한 명씩 순서대로 문제를 풀 기회를 주고 같은 팀 내에서 서로 힌트를 줄 수 있도록 했습니다.

블렌디드 수업 교육과정을 진행한 후 느낀 점

실시간 쌍방향 수업이 추가되고 블렌디드 수업교육과정을 한 학기 동안 진행해 보니 개인적으로 콘텐츠 활용 중심 수업만 하던 때보다 여러 측면에서 매우 만족스러웠습니다.

◯▭ 블렌디드 수업의 장점

우선, 학생들과 더 가까워지는 느낌이 들었습니다. 1학기에는 등교일에 대면 수업을 해도 모두가 마스크를 쓰고 있고, 방역 수칙 때문에 서로 소통하기 어려워서 한 학기가 다 가도록 아이들 얼굴과 이름을 익히지 못했습니다. 그런데 실시간 쌍방향 수업으로 아이들과 얼굴을 보면서 수업하니 몇 번의 수업만으로 아이들의 이름을 익힐 수 있었고 대면 수업 때도 훨씬 친숙한 느낌이 들었습니다. 그리고 수업 때마다 학생들의 기분을 물어보기도 하고 학생들이 열심히 수업에 참여하는 모습에 대해 긍정적인 피드백을 주기도 하면서 학생들과 더 가까워지는 느낌이 들어 좋았습니다.

두 번째로는 학생들의 학습 집중도가 높아졌습니다. 수업 영상을 재미있게 만들어도 학생들이 실제로 공부하고 연습을 해 보는 부분은 소홀해지기 쉬운데 실시간 쌍방향 수업은 대면 수업처럼 학생들이 수업 중 활동에 반드시 참가해야만 하는 환경을 만들 수 있었습니다. 또 이전처럼 콘텐츠 활용 중심 수업과 함께 과제를 내더라도 그 과제가 다음 대면 수업이나 실시간 쌍방향 수업과 연계되니 학생들이 과제를 꼭 수행해야만 했습니다. 그 결과 학습에 참여하는 시간과 집중도가 자연스럽게 높아졌습니다. 혹시나 학생들이 너무 스트레스를 받지는 않을까 걱정되는 마음에 "영상을 보는 수업과, 실시간 쌍방향 수업 중에 뭐가 더 좋니?" 하고 물어보니 실시간 쌍방향 수업이 집중이 더 잘 되고 친구들과 같이 활동도 할 수 있어서 좋다고 대답하여 한시름 놓았던 적이 있습니다.

세 번째로는 수업 준비가 더 수월했습니다. 오직 수업 영상만 제공하던 때는 시도할 수 있는 활동들이 제한적인 상황에서 어떻게든 수업을 재미있게 만들어 보려고 촬영과 편집에 지나치게 많은 시간을 들였습니다. 하지만 실시간 쌍방향 수업은 평소 대면 수업 때 하던 교수법과 다양한 게임 활동들을 활용할 수 있었고, 동시 작업이 가능한 플랫폼들을 활용하면 학생들이 직접 참여하여 활동하는 시간들이 많았습니다. 그래서 수업 영상을 만드는 것보다 수업 준비하기가 훨씬 수월했습니다. 2학기에도 주 1회 수업 영상을 만들어야 했지만 실시간 쌍방향 수업과 연계하여 연습 활동 및 과제를 제시하는 식으로 만들 수 있어서 부담이 많이 줄었습니다. 이처럼 좋은 점들이 훨씬 많았지만 물론 아쉬웠던 부분들도 있었습니다. 아쉬웠던 부분들 중 대부분은 실시간 쌍방향에서 나타나는 문제들과 관련이 있습니다.

⬤ 블렌디드 수업의 단점

첫째, 대면 수업에 비해 학생들이 발표에 대해 소극적인 경우가 많습니다. 화상 회의 플랫폼은 어른도 쉽게 발화하기 어려운 특징이 있습니다. 일단 화면에 얼굴을 계속 비추고 있는 것이 무척 부담스럽고, 말을 하게 되면 내 화면이 모든 사람들의 화면에서 크게 확대되어 나오니 말 한마디 꺼내기가 정말 부담스럽습니다. 그래서 실시간 쌍방향 수업에서는 바로 본론부터 들어가는 것보다 학생들의 안부를 묻고, 가볍게 다룰 수 있는 주제나 질문으로 학생들의 말문을 여는 것이 필요하다는 것을 깨달았습니다. 간단한 게임을 진행하면서 학생들이 채팅창도 활발하게 이용하고 전체 분위기가 부드럽게 풀어졌을 때 중요한 발문들을 하나씩 던지면 학생들이 훨씬 적극적으로 반응하는 모습을 볼 수 있었습니다.

둘째, 수업에 제대로 참여하지 않는 학생들을 관리하기가 어렵습니다. 물론 대면 수업에서도 엎드려 잠을 자거나, 다른 생각을 하며 수업에 제대로 참여하지 않는 학생들은 늘 있어 왔습니다. 하지만 실시간 쌍방향 수업의 경우 아예 수업에 들어오지 않는 학생들이 가끔 있습니다. 그리고 수업에 들어오더라도 카메라와 마이크를 다 끄고 게임을 하거나 다른 영상을 보는 학생들도 있습니다. 이런 일을 방지하기 위해서는 학생들에게 미리 수업 일정을 정확히 알려 주어 놓치지 않도록 하고, 수업에 자주 참여하지 않는 학생의 경우 진지한 상담이 필요합니다. 다른 학교 선생님께서는 실시간 쌍방향 수업을 놓친 학생들을 위해 화상 수업 녹화본을 볼 수 있도록 지원한 적이 있는데, 그렇게 하니 수업을 안 들어가도 대체할 수 있는 방법이 있다는 생각에 수업에 참여하지 않는 학생들이 점점 늘어났다는 이야기를 들은 적이 있습니다. 그래서 실시간 쌍방향에 참여하지 않은 학생을 지원하는 방법에 대해서는 좀 더 효과적인 방법을 연구하는 중입니다. 저는 실시간 쌍방향 수업에 참여하지 않고 과제를 제출하지 않는 학생들은 등교일에 개별 상담을 했습니다. 수업 후 쉬는 시간에 학생을 따로 불러 수업에 참여하도록 독려하고, 과제를 수행할 수 있도록 도움 자료를 제공하여 단 한 명도 빠짐없이 모두 과제를 제출하고 발표에도 참여하도록 했습니다.

그리고 화상 수업에서 아무리 여러 번 지도를 해도 카메라를 계속 끄는 학생들이 있는데 이때 선생님이 카메라를 끈 학생들에게 먼저 질문이나 발표를 시킨다고 하면 갑자기 카메라가 우수수 켜지는 모습을 볼 수 있습니다. (저의 꿀팁입니다.)

셋째, 기기 관련 문제로 수업에 차질이 발생하는 경우가 많습니다. 온라인 수업 기간이 길어지면서 많은 선생님들이 다양한 플랫폼을 이용한 수업 방법을 공유했습니다. 저도 교사 연수에서 배운 활동을 아이들과 해 보고 싶어서 도전해 보려 했습니다. 그런데 학생들의 기기에 따라 플랫폼이 아예 실행이 안 되거나 실행하는 데 시간이 오래 걸려서 수업 시간이 하염없이 지체되는 경우가 종종 있었습니다. 특히 저는 교과 전담 교사였기 때문에 학생들에게 미리 프로그램들을 가르쳐 주고 연습할 수 있는 시간도 많이 부족해서 새로운 활동을 도전하는 데 어려움이 많았습니다. 그리고 주 1회 실시간 쌍방향 수업을 하다 보니 수업 때마다 마이크가 고장 나 있는 학생들이 계속 새로 나타나서 발표 활동 중에 시간이 지체되는 경우가 발생했습니다. 마이크가 고장 났을 경우 제게 미리 이야기하도록 지도했지만 학생 스스로도 마이크가 고장 났는지 모를 때가 있었기 때문입니다. 때로는 교사인 제 기기에 문제가 생겨서 학생들이 선생님 목소리가 잘 안 들린다고 하여 시간이 지체된 경우도 있었습니다. 또 학생들에게 교과서 영상을 보여 줄 때 제 컴퓨터의 소리를 함께 공유하도록 설정 버튼을 눌러야 하는데 그 과정을 실수로 빠뜨려 학생들에게 교과서 영상의 소리가 전혀 안 들리고 있다는 사실을 몰랐던 적도 있었습니다. 이처럼 기기 문제로 인해 예상치 못하게 수업 시간이 지체되는 경우가 자주 있어 무척 안타까웠습니다.

넷째, 컴퓨터로 수업을 진행하는 것은 생각보다 훨씬 피곤합니다. 쉬는 시간에 5~10분 카메라를 꺼 놓고 쉬려고 해도 무방비로 있는 내 모습이나 우리 집 소리가 송출되지는 않을까 긴장의 끈을 놓지 못했고, 수업에 들어오는 학생들을 계속 관리해야 하니 제대로 쉴 시간조차 없습니다. 화장실도 못 가고 5시간 내리 Zoom 수업을 진행한 적도 있습니다.

처음에는 컴퓨터로 진행하는 수업의 피로도가 높을 것을 예상하여 두 개 반씩 묶어서 수업을 진행하기도 했습니다만, 그렇게 하니 많은 학생들에게 발화 기회를 주기 어려웠고 사람이 많아 한 화면에서 모든 학생들을 볼 수 없었습니다. 그러면 수업 중에 관찰 평가를 하기 어려워집니다. 그리고 서로 다른 반 학생들이 섞이면 랜덤으로 짝이나 그룹으로 묶어 소회의실에서 활동을 시키는 것도 할 수 없었습니다. 아이들이 서로 어색해서 활동을 제대로 못할 것이 당연했기 때문입니다. 그래서 결국 한 반씩 수업을 하는 형태로 바꾸었습니다.

이렇게 어려운 점도 많지만 그래도 실시간 쌍방향 수업은 온라인 수업 기간에 학급 구성원들을 서로 이어 주는 데 굉장히 중요한 역할을 했다고 생각합니다. 다양한 유형의 수업을 혼합하여 블렌디드 수업 교육과정을 운영해 보니 새로운 수업 방식에 큰 매력을 느꼈습니다.

어서 예전처럼 매일 학생들과 만나고, 서로 자유롭게 이야기 나누고, 짝 활동, 모둠 활동 가리지 않고 수업하며 생활하고 싶은 마음이 굴뚝같지만, 다시 일상으로 돌아가더라도 블렌디드 수업을 계획하여 학생들이 주도적으로 참여할 수 있는 재미있는 수업 활동들을 만드는 데 많이 도전해 보고 싶다는 생각이 듭니다.

03

타 교과 온라인 수업 사례와 추천 사이트

타 교과 온라인 수업 사례

이번에는 다른 선생님들이 제작한 교과목의 사례를 소개해 보겠습니다.

◯ 초등학교 6학년 국어

상권 쌤 채널

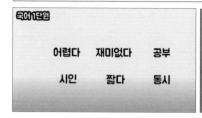

  상권 쌤 채널에는 딱딱하고 어려운 국어 교과 내용을 아주 흥미롭게
풀어낸 수업 영상이 많이 있습니다. 클로바 더빙을 활용하여 아이의 목
소리로 재미있게 제작되었고 수업의 짜임이 탄탄하여 인상 깊었습니다.

⬤ 초등학교 1학년 국어

똑지나 쌤 채널

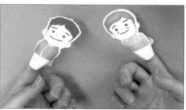

똑지나 쌤은 1학년 국어 교과에서 '상황에 맞게 인사하는 방법'을 지도하기 위해 손가락 종이 인형을 사용했습니다. 등장인물이 바뀔 때마다 실감 나는 목소리 연기로 학생들의 이목을 사로잡는 재미있는 국어 수업을 제작했습니다. 이런 활동은 카메라 위치만 조정하면 쉽게 제시할 수 있어 좋은 활동이라고 생각합니다.

⬤ 초등학교 4학년 수학

우키 쌤 TV 채널

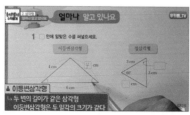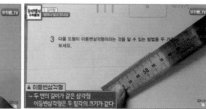

우키 쌤은 초등학교 4학년 수학 '삼각형'에 대해 지도하기 위해 실제 교과서를 활용해 촬영했습니다. 삼각형의 특성을 자막과 함께 설명하고, 문제를 푸는 과정을 자, 각도기를 활용해 직접 보여 줬습니다. 도구를 정확하고 바르게 사용하는 방법도 꼼꼼히 지도해 주는 모습이 인상적입니다.

● 초등학교 6학년 사회

와우스쿨 채널

선생님이 교과서에서 중요한 단어를 동그라미하고 줄을 그으며 핵심 내용을 찾는 법을 보여 줍니다. 또한 세계 지도를 펼치고 꼼꼼하게 문제를 푸는 과정은 마치 1:1 과외를 받고 있는 듯한 느낌도 줍니다. 수업 마무리 단계에 차시의 핵심 내용을 마인드맵으로 정리해 학습한 내용을 구조화시키는 방법을 배울 수 있습니다.

● 중학교 2학년 과학

싼티TV 채널

'라면을 끓일 때 라면 수프를 먼저 넣으면 면발이 더 빨리 익는 까닭은 무엇인가요?'라는 문제 상황을 제시하고 라면을 보여주며 순물질과 혼합물의 특성을 설명합니다. 먹방 콘셉트를 잡아 흥미를 유발하고, 학생들의 실시간 채팅으로 소통합니다. 재미와 학습을 모두 잡은 수업이었습니다.

◯ 중학교 3학년 체육

레츠고 도영 쌤 채널

도영 쌤은 '비치 타월 챌린지'를 제시했습니다. 특별한 운동 도구를 구하기 어렵고 밖에서 활동하기 어려운 점을 고려한 수업이었습니다. 그리고 학생들에게 영상으로 과제하는 모습을 받아 개별 피드백을 제공했습니다. 학생들의 마음을 공감해 주는 선생님의 모습이 눈에 띄었습니다.

◯ 초등학교 체육

개꿀 쌤 채널

개꿀 쌤은 EBS에서 만든 영상이 아닌가 착각이 들 정도로 뛰어난 퀄리티의 체육 수업 영상을 제공했습니다. 매 단원마다 색다른 콘셉트와 스토리텔링을 제시하고 재미있는 도전 과제를 내 학생들뿐만 아닌 선생님들까지 반하게 만드는 수업 채널입니다. 영화처럼 재밌는 수업 영상을 보고 싶은 분이라면 꼭 개꿀 쌤 채널을 방문해 보세요.

정쌤준쌤 채널

정쌤준쌤 채널의 정쌤은 평소 작곡가로 활동하는 자신의 음악적 재능을 발휘하여 아주 독창적인 음악 수업 영상을 만들었습니다. 자연의 소리를 일상 속 다양한 물체로 묘사하고, 그 소리들을 비트에 얹어 멋진 음악을 만들어 내는 과정을 보여 줍니다. 노래를 듣고 따라 하기만 하는 평범한 음악 수업 영상의 틀을 깬 독창적인 수업을 보고 싶은 분들께 추천합니다.

그림 그리는 수이 쌤 채널

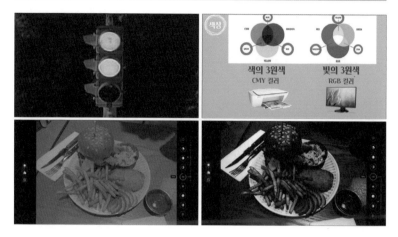

    고등학교 미술 교사 수이 쌤은 색의 3속성을 우리가 평소 흔히 사용하는 핸드폰 카메라의 사진 편집 기능을 활용해 지도했습니다. 카메라 편집창에서 명도, 채도, 대비 설정을 바꾸며 사진이 어떻게 달라지는지 직관적으로 제시한 점이 매우 인상 깊었습니다. 실시간 쌍방향 수업에서도 핸드폰 화면을 공유할 수 있으니 수이 쌤과 같이 핸드폰 속 유용한 기능을 수업에 활용해 보면 좋을 것 같습니다.

와우스쿨 채널

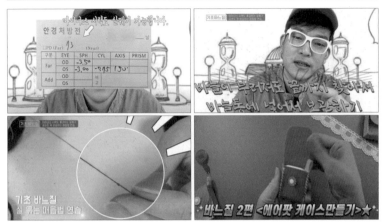

　　와우스쿨 채널에서 제작한 6학년 실과 수업은 온라인 수업의 장점을 톡톡히 활용합니다. 기존에 학교에서 바느질 수업을 해 보면 교과서 사진이나 교사가 실물 화상기를 통해 보여 주는 시범은 학생들이 잘 이해하지 못하는 경우가 많았습니다. 그런데 이 수업 영상에서는 편집 기술을 활용해 실 꿰는 과정을 크게 확대하고 천천히 재생해 주어 학생들의 이해를 돕는 데 매우 효과적이었습니다.

온라인 수업 관련 추천 사이트

필요한 온라인 수업 자료를 검색하거나, 다른 선생님들의 아이디어를 얻고 싶을 때 쉽게 정보를 얻을 수 있는 사이트를 소개해 드립니다.

 티튜버

티튜버 네이버 카페

티튜버(cafe.naver.com/ttuber)는 유튜브 채널을 직접 운영하는 선생님들 또는 관심이 있는 선생님들이 가입할 수 있는 네이버 카페입니다. 교사라면 누구나 가입할 수 있습니다. 좋은 점은 가입한 교사들의 채널을 카테고리별로 정리해 주기 때문에 온라인 수업 자료가 필요할 때 학년별, 과목별로 쉽게 영상을 찾을 수 있다는 것입니다. 온라인 수업뿐만 아니라 학급 경영, 학교생활 정보 등 교사들이 운영하는 다양한 주제의 채널들을 찾을 수 있어 교직 관련 정보 검색에 용이하고, 자신이 직접 유튜브 채널을 개설하고 수업 영상을 업로드할 경우 홍보의 장으로 이용할 수도 있습니다.

🔘 몽당분필

몽당분필 유튜브 채널

몽당분필
구독자 1.56만명

　　몽당분필은 전국의 선생님들이 모여 만든 교원 전문 학습 공동체로 학교에서 활용할 수 있는 다양한 교육 콘텐츠를 개발하고 업로드합니다. 몽당분필과 함께 몽당 책가방, 몽당 색연필, 몽당 오늘, 몽당 찰칵 등의 채널을 운영하고 있는데 과목별 온라인 수업 자료, 학급 미술 자료, 계기 교육 자료, 학생 영상 편집 교육 자료, 코딩 수업 자료 등 학교 교육 현장에서 유용하게 활용할 수 있는 영상 콘텐츠를 쉽게 구할 수 있습니다. 메인 화면에 링크로 제공되는 몽당분필 사이트나 SNS 채널을 함께 이용하면 교사들을 위한 PPT 템플릿, 졸업식 영상 제작 소스 등의 자료도 손쉽게 다운로드하여 이용할 수 있습니다.

04

꼭 알아야 할 저작권 상식

　선생님들이 열정을 가지고 온라인 수업 자료를 만들려고 하다가도 발목이 잡히는 것이 바로 저작권 문제입니다. 저도 처음 온라인 수업 영상을 만들 때 저작권법을 하나하나 따져 가며 외부 자료를 활용하는 것이 너무 부담스러워서 혼자서 모든 자료를 만들곤 했습니다. 저뿐만 아니라 많은 선생님들이 저작권 문제 때문에 머리가 아파서 온라인 수업 기간이 빨리 끝났으면 하는 생각을 했을 것입니다.

　사실 저작권 관련 공부를 해 보니 교육적 목적을 가지고 수업을 하기 위해 자료를 이용하는 경우에는 교실에서 수업하던 때와 같이 허용 범위가 꽤 넓게 적용된다는 것을 알 수 있었습니다. 온라인 수업을 운영하는 데 꼭 필요한 저작권 상식만 정리해 보았습니다. 제가 설명하는 내용은 한국교육학술정보원 및 한국저작권위원회에서 게시한 저작권 관련 안내문을 바탕으로 작성했습니다.

◑ 저작물 이용을 위한 법적 근거

선생님들이 공표된 저작물을 이용할 수 있는 법적 근거는 '저작권법 제25조 2항'입니다. 이에 따르면 수업을 위하여 공표된 저작물 등의 일부분을 복제·배포·공연·전시·공중 송신(방송·전송·디지털 음성 송신)할 수 있도록 규정하고 있습니다. 그 이유는 헌법상 국민의 교육받을 권리(헌법 제31조)에 기초한 국민의 학습권을 보장하기 위함이라 합니다.

◑ 저작물을 이용할 수 있는 주체

저작물을 이용할 수 있는 수업의 주체는 유치원 및 초중등학교의 교사이며, 보조 교사·파견 교사·외부 강사 등도 포함됩니다. 이때 수업이란 정규 교과 수업 이외에 학교 책임자의 감독하에 실시되는 보충 수업, 계절제 수업, 시간제 수업, 방과 후 수업, 범교과 학습 활동, 창의적 체험 활동 등도 포함됩니다. 또한, 교실 내 수업뿐만 아니라 방송과 온라인 수업에서도 저작물을 이용할 수 있습니다.

◑ 저작물 이용 가능 분량

- 어문 저작물(텍스트 기반 저작물의 경우) 전체의 10%
- 음원 형태의 저작물 전체의 20%(최대 5분 이내)
- 영상 저작물 전체의 20%(최대 15분 이내)

다만, '저작물의 성질이나 그 이용의 목적 및 형태 등에 비추어 저작물의 전부를 이용하는 것이 부득이한 경우에는 전부를 이용할 수 있다'라고 명시되어 있습니다. 이 경우는 길이가 짧은 시나 이미지, 영상처럼 전체를 이용해야만 수업이 가능한 경우에 해당합니다.

●■ 저작물 제공 대상과 보호 조치

학교, 교사, 수업 지원 기관은 공표된 저작물의 일부를 수업 목적으로 사용하는 경우 동일 교과목의 수강을 신청한 학생들에게 온·오프라인을 통해 자료를 제공할 수 있습니다. (수업 지원 기관은 동일 교과목의 교사에게도 제공 가능) 다만 이를 위해서는, 학교 또는 수업 지원 기관이 수업을 받는 학생이나 동일 교과목의 교사만 접근할 수 있도록 하는 조치가 요구됩니다.

※저작권 보호 조치:
(1) 접근 제한 조치, (2) 복제 방지 조치, (3) 저작권 보호 관련 경고 문구

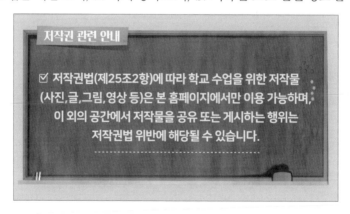

공표된 저작물의 일부를 사용한 수업 자료에는 위와 같은 문구를 넣으면 되겠습니다. 그리고 유튜브와 같이 누구나 쉽게 접근이 가능한 곳에 자료를 올릴 경우에는 수업을 받는 학생 이외의 타인에게 수업 자료가 제공되지 않도록 영상 링크가 제공된 사람만 영상을 볼 수 있는 '일부 공개' 등의 조치가 필요합니다. 또한 저작물의 공정한 이용을 위해서는 항시 올바른 '출처 표기'를 해야 합니다.

Q 저작권 관련 Q&A |

교과서 내의 저작물 이용

Q. 온라인 수업을 위해 교과서 내의 사진, 지문 등을 이용하거나 PDF로 작성된 교과서 자체를 제공할 수 있나요?

A. 공표된 저작물은 학교 수업을 목적으로 한다는 전제하에 매체, 유형의 구분 없이 사용 가능합니다. 교과서도 그에 해당하며 교과서 내의 사진, 지문 등의 저작물을 원격 수업을 위해 제공할 수 있습니다. 이때 인터넷을 통해 저작물을 제공할 경우 접근 제한 조치, 복제 방지 조치, 저작권 보호 관련 경고 문구를 해야 합니다. 다만, 실제 수업과 연관 없이 교과서 내용의 상당량 또는 전부가 담긴 PDF 파일을 인터넷을 통해 제공하는 행위는 저작권 침해가 될 수 있습니다. 따라서 교과서 PDF 파일을 제공하고자 할 경우 교과서 발행사(저작권자)의 동의를 받고 제공해야 합니다.

배경 음악으로 음원 이용

Q. 온라인 수업을 진행하거나 온라인 학습 자료를 제작할 때, 학습의 집중도를 높이기 위해 음원을 배경 음악으로 사용할 수 있나요?

A. 공표된 음원은 직접적 수업을 위한 경우라면 음원의 일부분(20%, 최대 5분 이내)을 사용할 수 있습니다. 하지만, 학습 목적이 아닌 단지 학생들의 집중도와 흥미를 높이기 위한 목적으로는 사용할 수 없습니다. 이런 경우에는 저작권이 만료되거나 자유롭게 사용 가능한 '공유 저작물' 음원을 이용할 수 있습니다. 최근에 많은 사람들이 저작권 무료 음악을 얻기 위해 자주 이용하는 곳은 유튜브 스튜디오에서 제공하는 '오디오 보관함', '공유마당', '픽사베이' 등이 있습니다. 또한 유튜브 검색창에 '저작권 무료 음악(copyright free music 또는 royalty free music)'이라고 검색하면 음원 출처를 게시물에 남기는 조건으로 개인이 비상업적 목적으로 자유롭게 활용할 수 있는 음원 자료를 제공하는 채널들을 쉽게 찾을 수 있습니다.

폰트의 이용

Q. 한컴오피스, MS-Office에 포함된 번들 폰트를 동영상 제작, 이미지 편집 등을 위해 다른 프로그램에서 이용한다면 저작권 침해에 해당하나요? 그렇다면 무료 폰트는 이용 가능한가요?

A. 프로그램 설치 시 윈도우 폰트 폴더(c://windows/Fonts)에 저장되어 다른 프로그램에서 자동으로 인식된 폰트를 이용하는 경우 저작권 침해에 해당되지 않습니다. (예: 윈도우 번들 폰트를 한글오피스 등에서 사용하는 경우) 하지만 (주)한글과컴퓨터 측에서는 번들로 제공된 폰트는 해당 프로그램에서만 사용하도록 안내하고 있습니다. 무료로 배포되는 폰트는 대부분 비영리 목적일 경우 이용을 허용하고 있습니다. 하지만 일부 폰트는 사용 대상을 '개인'으로 한정하여 학교와 같은 기관에서 사용하는 것은 교육 활동의 목적이더라도 제한하는 경우가 있습니다. 따라서 무료 폰트라도 반드시 이용 조건을 확인하여 허용 범위 내에서 이용할 수 있도록 주의해야 합니다.

아이디어의 이용

Q. 최근 유튜브나 SNS상에서 다른 사람이 먼저 시도해서 인기를 끈 영상 소재를 비슷하게 따라 하는 일이 매우 흔합니다. 다른 사람의 아이디어나 노하우를 따라 할 경우 이것은 저작권 침해에 해당하나요?

A. 한국 저작권위원회에 따르면 아이디어, 노하우 등은 그 자체가 저작물로 인정되지 않습니다. 저작권법의 보호 대상은 인간의 사상 또는 감정을 말, 문자, 음, 색 등에 의하여 구체적으로 외부에 표현한 창작적인 표현 형식이고, 거기에 표현되어 있는 내용 즉 아이디어나 이론 등의 사상 또는 감정 그 자체는 원칙적으로 저작권법의 보호 대상이 아닙니다. 한편 아이디어, 노하우를 담고 있는 책, 논문 등은 아이디어를 표현한 표현물이므로 최소한의 창작성이 인정되는 한 저작물로서 등록 대상이 됩니다.

CCL 저작물

CCL은 Creative Commons License(자유 이용 허락 표시)라는 의미로 저작권자가 일정한 조건하에 자신의 저작물을 다른 사람들이 자유롭게 이용할 수 있도록 허락을 표시하는 라이선스입니다. 따라서 CCL 저작물은 이용자가 저작권자가 표기해 둔 조건을 보고 그 원칙을 지키면 따로 허락을 맡지 않더라도 자유롭게 사용할 수 있습니다. CCL 저작물을 이용할 때는 원 저작물의 저작자를 반드시 표기해야 합니다.

> ***저작자 표시: 저작물명 by 저작자명, 출처, CCL 조건**
> (예시: 음식 찬트 by 김켈리, 공유마당, CC BY NC)

CCL 저작물의 이용 허락 조건(범위)는 4가지 기본 원칙에 기반을 두어, 6가지 이용 허락 조건으로 이루어집니다.

🔘 CCL 4가지 기본 원칙

🛈	🚫$	=	↻
저작권 정보 표시	비영리	변경 금지	동일 조건 변경 허락

(1) CCL이 적용된 모든 저작물에는 저작권 정보 표시(🛈)를 반드시 해야 한다.

(2) 비영리 표시(🚫$)가 없으면 상업적 이용이 가능하다.

(3) 변경 금지 표시(=)가 없으면 저작물을 수정할 수 있다.

(4) 동일 조건 변경 허락 표시(↻)가 있으면 저작물 수정 후 나온 결과물에도 반드시 CCL을 부착해야 한다.

CCL 6가지 조건

CC BY

저작권 정보 표시
저작물, 저작자명 및 출처, CCL 조건 표시하면 이용 가능.

CC BY NC

저작권 정보 표시-비영리
저작물, 저작자명 및 출처, CCL 조건 표시하면 이용 가능하나 상업적 이용은 불가. 상업적 이용을 위해서는 저작권자와 별도 계약 필요.

CC BY ND

저작권 정보 표시-변경 금지
저작물, 저작자명 및 출처, CCL 조건 표시하면 이용 가능하나 저작물을 변경하거나 저작물을 이용해 새롭게 제작하는 것 금지. (번역, 편곡, 변형, 각색, 영상 제작 등 2차적 저작물)

CC BY SA

저작권 정보 표시-동일 조건 변경 허락
저작물, 저작자명 및 출처, CCL 조건 표시하면 이용 가능. 저작물을 이용해 새롭게 저작물을 제작하는 것은 허용하되, 새로운 저작물에 원 저작물과 동일한 라이선스 적용해야 함.

CC BY NC SA

저작권 정보 표시-비영리-동일 조건 변경 허락
저작물, 저작자명 및 출처, CCL 조건 표시하면 이용 가능하나 상업적 이용은 불가. 저작물을 이용해 새롭게 저작물을 제작하는 것은 허용하되, 새로운 저작물에 원 저작물과 동일한 라이선스 적용해야 함.

CC BY NC ND

저작권 정보 표시-비영리-변경 금지
저작물, 저작자명 및 출처, CCL 조건 표시하면 이용 가능하나 상업적 이용은 불가. 저작물을 변경하거나 저작물을 이용해 새롭게 제작하는 것 금지.

공유 저작물 제공 사이트

1. 공유마당(gongu.copyright.or.kr)

공유마당에서는 CCL 저작물, 공공 저작물, 만료 저작물, 기증 저작물 등 다양한 저작물을 제공합니다. 이미지, 영상, 음악, 어문, 무료 폰트, PPT 템플릿 등 자료를 쉽게 얻을 수 있습니다.

2. 픽사베이(pixabay.com/ko)

픽사베이에서는 사진, 일러스트, 비디오, 음악 자료를 얻을 수 있습니다. 한국어 검색을 지원하며 자료를 선택하면 이용 조건에 대한 정보를 쉽게 확인할 수 있고 상업적 이용 또한 허용하는 자료가 많습니다.

3. 플래티콘(flaticon.com)

플래티콘은 아이콘 이미지를 제공합니다. 한국어 검색은 지원하지 않으나 영어로 검색하면 관련된 아이콘을 쉽게 찾을 수 있어 PPT, 영상 제작 시 유용합니다.(아이콘 아래에 왕관 표시가 된 것 외에는 모두 무료입니다.)

4. 프리 뮤직 아카이브(freemusicarchive.org/static)

프리 뮤직 아카이브에서는 음악 자료를 제공하며 자료를 선택하면 CCL 표기를 확인할 수 있습니다. 한국어 검색은 지원하지 않습니다.

5. 유튜브 오디오 라이브러리(youtube.com/audiolibrary)

유튜브 오디오 라이브러리는 무료 음악과 효과음을 제공하며 장르, 분위기, 저작자 표시 조건 등 검색 필터 기능이 잘 되어 있어 원하는 음원을 찾는 데 유용합니다.

6. 프리사운드(freesound.org)

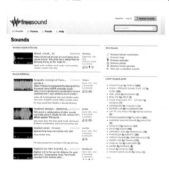

프리사운드는 다양한 효과음을 제공합니다. 한국어 검색은 지원하지 않으나 일상이나 자연에서 들을 수 있는 효과음 자료가 많기 때문에 오디오를 활용한 수업 자료를 만들 때 유용합니다.

온라인 수업 영상을 만드는 과정을 단계별로 설명드리겠습니다.

수업 영상 제작은 계획, 촬영, 편집 단계로 이루어집니다.

그중 첫 번째는 계획하기 단계입니다.

수업 영상은 다양한 수업 활동을 제시하기 어렵고 학생들과 즉각적인 소통을 할 수 없으며, 내용이 길어지면 학생들의 집중력이 급격히 떨어집니다.

따라서 핵심 내용을 효과적으로 전달할 수 있는 방법을 연구해야 합니다.

Part 3

온라인 수업
영상 만들기

01

온라인 수업 영상 제작 계획하기

온라인 수업 영상을 만드는 과정을 단계별로 설명드리겠습니다. 수업 영상 제작은 계획, 촬영, 편집 단계로 이루어집니다. 그중 첫 번째는 계획하기 단계입니다.

수업 영상은 다양한 수업 활동을 제시하기 어렵고 학생들과 즉각적인 소통을 할 수 없으며, 내용이 길어지면 학생들의 집중력이 급격히 떨어집니다. 따라서 핵심 내용을 효과적으로 전달할 수 있는 방법을 연구해야 합니다. 수업 영상에도 다양한 유형이 있습니다. 교과서를 펼쳐 놓고 오디오로 선생님의 설명을 더하는 유형, PPT 자료를 영상으로 만드는 유형, 선생님이 직접 칠판에 강의하는 모습을 촬영하는 유형 그리고 제가 한 것처럼 다양한 수업 활동을 모두 직접 촬영하고 편집하는 등의 유형이 있습니다. 수업 영상의 질을 높은 수준으로 유지하려면 지속 가능한 형태의 수업 제작 계획이 필요합니다. 학생들에게 학습 내용을 효과적으로 전달할 수 있으면서도 수업을 제작하는 데 드는 시간이 지나치게 길지 않도록 차시별로 어떤 유형의 영상을 만들지 미리 전체적인 계획을 세우는 것이 꼭 필요합니다. 수업 영상을 만들 때는 사용하는 언어나 수업 자료에 평소보다 훨씬 더 많은 주의를 기울여야 합니다. 수업 영상은 인터넷상에 올라가 기록으로 남기 때문에 학생들도 여러 번 돌려볼 수 있고, 학생의 가족 등 다른 사람이 보게 될 가능성도 있기 때문입니다. 그래서 문제가 생기는 것을 방지하려면 미리 수업 대본을 작성하고 문제되는 부분이 없는지 검토해야 합니다.

수업 영상을 촬영하고 편집하는 일은 생각보다 아주 많은 시간이 걸릴 수 있습니다. 시간을 효율적으로 활용하기 위해서는 꼼꼼한 계획이 필요합니다. 저처럼 선생님이 직접 연기를 하거나 다양한 콘셉트로 촬영할 경우에는 복장, 소품, 장소 등이 바뀔 수 있기 때문에 어떤 장면을 모아서 촬영해야 할지 꼭 계획을 세워야 합니다. 수업 영상 제작 계획이 잘되어 있으면 촬영 및 편집 시간을 매우 효율적으로 활용할 수 있습니다.

수업 영상 제작 계획 1단계

계획 첫 단계에서는 수업 차시별로 어떤 활동을 할지, 어떤 유형의 영상으로 제작할지 계획을 세워야 합니다.

◯ 차시별 활동 & 영상 유형 계획하기

지도서를 활용하여 학생들에게 지도할 단원의 학습 주제와 목표, 차시별 지도 내용을 살펴봅니다. 이후 차시별로 어떤 활동을 제시하면 학생들이 효과적으로 학습할 수 있을지 아이디어를 떠올려 봅니다. 예를 들어 영어 교과의 1단원 1차시에서 학생들에게 주요 표현을 제시하고,

말하는 연습을 시켜야 한다고 가정해 봅시다. '우선 동기 유발을 위해 초성 퀴즈로 학습 주제와 관련된 단어들을 제시하고, 활동 1에서는 역할극 영상으로 주요 표현을 들려 줘야지. 그리고 영상을 다시 보면서 말하기 연습을 한 후 마지막 활동으로 노래를 가르치고 싶어.' 이런 식으로 활동 아이디어를 짜는 것입니다. 떠오른 아이디어는 간단하게 종이나 컴퓨터에 기록합니다. 단원 내 전체 차시의 계획을 대략적으로라도 모두 세우고 시작하는 것이 좋습니다. 그래야 차시 간의 연계성을 높일 수 있기 때문입니다.

⬤▶ 차시별 활동 계획 예시

단원명	영어 6학년 7단원 : What will you do this summer?
주요 표현	What will you do this summer? / I will (go to the beach). 등

차시	차시별 지도 내용	수업 활동 계획
1차시	**주요 표현** 듣고 익히기	활동 1) 노래를 통해 주요 표현 제시하기 활동 2) 대화 영상 시청하고 퀴즈 풀기 활동 3) 주요 표현 듣고 따라 하는 연습 하기
2차시	**주요 표현** 따라 말하며 연습하기	활동 1) 가사를 바꾸어 노래 부르기 활동 2) 대화 영상 시청하고 듣고 따라 하는 연습 하기 활동 3) 텔레파시 게임 하기
3차시	**주요 표현**(단어, 문장) 읽고 쓰기	활동 1) 문장 읽는 연습 하기 (강세, 어조 익히기) 활동 2) 교과서 읽기, 쓰기 문제 해결하기 활동 3) 단어를 조합하여 문장 만들기 게임 하기
4차시	짧은 글을 읽고, 문제 해결하기	활동 1) 틀린 단어, 문장 고치기 게임 하기 활동 2) 교과서 글 읽기 연습 하기 활동 3) 교과서 문제 해결하기

5차시	짧은 글을 읽고, 직접 짧은 글 쓰기	활동 1) 짧은 예시 글 읽기 활동 2) 마인드맵으로 글감 마련하기 활동 3) 직접 짧은 글 쓰기
6차시	단원 마무리 문제 풀기, 세계 여러 나라의 문화 알기 (영미 문화권의 직업에서 유래된 성 알기)	활동 1) 영상을 보며 배운 표현 전체 복습하기 활동 2) 단원 마무리 교과서 문제 풀기 활동 3) 문화 지도 관련 영상 시청하기

위 예시처럼 차시별로 하고 싶은 수업 활동을 정리한 후, 각 차시 영상을 어떤 방식으로 제작할지 생각해 봅니다. 이때 교사가 창의적이고 재미있는 수업을 만들고 싶다는 열정에 수업 활동에 필요한 모든 장면을 직접 촬영하거나, 자료를 손수 제작하려고 하면 수업 영상을 만드는 시간이 지나치게 길어질 수 있습니다.

그동안 많은 선생님들이 제가 만든 온라인 수업 영상을 보고 각 영상을 만드는 데 총 몇 시간이 걸리는지 무척 궁금해했습니다. 초반에 저는 모든 자료를 직접 촬영하고 제작했습니다. 그리고 역할극이나 게임 활동을 하나 만들더라도 그 속에 창의적인 아이디어를 최대한 많이 담으려고 애를 썼습니다. 그랬더니 한 편의 영상을 만드는 데 계획부터 편집까지 기본 15시간에서 심할 때는 24시간을 꼬박 써야 할 때도 있었습니다. 그렇게 수업 영상을 일주일에 3개씩 몇 달간 만드니 수면 시간이 부족해져서 몸에 큰 무리가 오기도 했습니다. 그래서 지속 불가능한 수업 방식은 수업의 질을 관리하는 측면에서도 좋지 않다는 것을 깨달았습니다.

그 후로는 단원 내 1~2차시는 원래 만들던 것처럼 만들되, 다른 차시는 디지털 교과서를 띄워 두고 설명하는 방식으로 촬영하거나, 출판사에서 제공하는 자료들을 활용하기 시작했습니다. 처음에는 저작권 문제에 두려움이 있었지만 저작권 보호 조치만 잘하면 외부 자료를 활용해도 크게 문제될 것이 없었습니다. 그렇게 외부 자료를 함께 사용해서 영상을 제작하면 자막, 노래, 효과음 등의 편집을 다해도 영상 한 편을 만드는 데 촬영부터 편집까지 2~4시간 안에 끝낼 수 있습니다. 아침에 출근해서 수업을 만들기 시작하면 점심 시간쯤에는 끝이 나는 거죠. 그렇게 하니 부담이 많이 줄었습니다. 그러니 수업 영상의 유형과 외부 자료 활용 여부도 잘 계획해 큰 부담 없이 수업 영상 만드는 것을 추천드립니다.

⬤▶ 수업 영상 유형 및 외부 자료 활용 계획 예시

차시	수업 활동 계획	수업 영상 유형	외부 자료 활용
1차시	활동 1) 노래를 통해 주요 표현 제시하기 활동 2) 대화 영상 시청하고 퀴즈 풀기 활동 3) 주요 표현 듣고 따라 하는 연습 하기	활동 전체 직접 촬영·제작	
2차시	활동 1) 가사를 바꾸어 노래 부르기 활동 2) 대화 영상 시청하고 듣고 따라 하는 연습 하기 활동 3) 텔레파시 게임 하기	활동 전체 직접 촬영·제작	
3차시	활동 1) 문장 읽는 연습 하기(강세, 어조 익히기) 활동 2) 교과서 읽기, 쓰기 문제 해결하기 활동 3) 단어를 조합하여 문장 만들기 게임 하기	Zoom으로 강의 녹화	(활동 1, 2) E-BOOK
4차시	활동 1) 틀린 단어, 문장 고치기 게임 하기 활동 2) 교과서 글 읽기 연습하기 활동 3) 교과서 문제 해결하기	PPT로 강의 녹화	(활동 2, 3) 디지털 교과서 이미지
5차시	활동 1) 짧은 예시 글 읽기 활동 2) 마인드맵으로 글감 마련하기 활동 3) 직접 짧은 글 쓰기	활동 전체 직접 촬영·제작	
6차시	활동 1) 영상을 보며 배운 표현 전체 복습하기 활동 2) 단원 마무리 교과서 문제 풀기 활동 3) 문화 지도 관련 영상 시청하기	1, 2차시 연습 영상 재활용, Zoom으로 강의 녹화	(활동 2) E-BOOK (활동 3) 유튜브 영상

위의 예시처럼 정리된 표를 보고 '계획을 이렇게까지 꼼꼼히 세워야 하나?' 하고 부담스럽게 느낄 수도 있는데, 실제로 저는 저 스스로 알아 보기만 하면 되니 아래 예시처럼 키워드 위주로 가볍게 기록하는 편입 니다.

차시	활동 & 필요한 자료	유형
4차시	활 1) 틀린 단어 게임　——— PPT 활 2) 교과서 읽기　——— *교 사진 활 3) 교과서 문제　——— *교 사진	PPT 녹화

*교과서

수업 영상 제작 계획 2단계

대략적인 차시별 계획이 끝났으니 이제는 실제 촬영에 들어가기 위해 좀 더 구체적인 계획서를 작성할 차례입니다.

⬤ 수업 촬영·편집 계획서 및 대본 작성하기

강의식으로 촬영한다면 촬영 계획이 크게 필요 없습니다. 하지만 제 가 한 것처럼 연기도 하고, 장면을 다양하게 바꾸어 가며 촬영한다면 효 율적으로 촬영을 진행하기 위해서 촬영 계획을 꼼꼼히 세우는 것이 좋 습니다. 수업 활동을 제작하고 편집하는 과정에 외부 프로그램이나 자 료가 필요할 경우 글로 정리해 두면 빠뜨리지 않고 순서대로 작업을 진 행하는 데 많은 도움이 됩니다. 수업 영상을 처음 촬영한다면 초반에는 수업 대본을 짜는 것이 도움이 됩니다. 평소 수업을 자연스럽게 잘하는 분들도 영상을 찍으려고 하면 긴장해서 어떤 말을 해야 할지 정리가 잘 안 되거나, 불필요한 말이 섞여 영상이 길어질 수 있기 때문입니다. 저는 영어 교과를 지도했는데 혹시나 영어 표현에 오류가 있을 수 있으니 미리 수업 대본을 작성하고 원어민 선생님에게 검토를 받아 문법적 오류나 어색한 표현이 있는 부분을 수정하고 촬영을 했습니다.

◗▣ 수업 촬영 · 편집 계획서 예시

단계	활동	촬영 장소 / 준비물	활용 자료 및 도구

도입	1. 단원명 제시
	2. 방학이 얼마 남지 않았
	  다고 말하는 상황극
	  보여 주기
		영어실	인트로 영상
			달력 사진

활동 1	노래를 통해 주요 표현 제시하기	영어실 / *크로마키 천, 수업 때와 다른 의상	배경 이미지 (바다 사진 등), 개러지 밴드
활동 2	대화 영상 시청하고 퀴즈 풀기	영어실 / 노트북	학생 그림, 미래 계획 관련 사진, Zoom, 카훗 퀴즈 프로 그램
활동 3	주요 표현 듣고 따라 하는 연습 하기	*회의실 / 녹음기	미래 계획 관련 사진
정리	인사 및 과제 제시		

*크로마키용 천: 촬영용 초록색 천
*회의실로 장소를 바꾸는 이유는 공간이 넓은 교실에서 음성을 녹음하면 목소리가 많이 울려서 듣기 불편하기 때문입니다. 좁고 밀폐된 공간에서 녹음을 해야 목소리가 깔끔하게 녹음됩니다.

⬤ 수업 대본 예시

도입	Summer vacation is just a few days away.
활동 1 (노래)	What will you do? What will you do this summer? (x2) I will go to the beach. I will go to the beach this summer. (x2) Let's go to the beach. Let's go to the beach together. (x2) All right, that sounds good! Let's go to the beach together. (x2)
활동 2 (대화)	T: Hello, everyone. How are you today? S1: I'm good. / S2: I'm great. / S3: I'm excited. (이하 생략)

⬤ 실제 영상 결과물

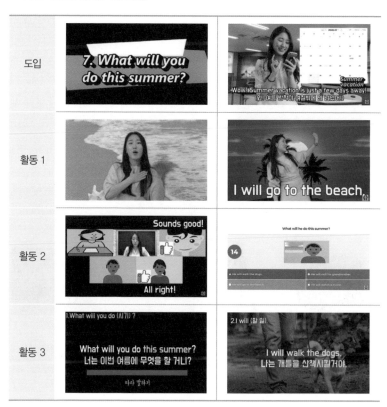

02

온라인 수업 영상 촬영하기

영상 제작 계획이 모두 세워졌다면 이제 실제로 영상을 촬영해 볼 차례입니다. 촬영에 필요한 도구와 도구를 선택할 때 유의할 점, 실제로 촬영을 할 때 주의해야 할 부분을 차례로 소개하겠습니다.

촬영에 필요한 도구 및 도구 선택 시 유의점

카메라	삼각대	마이크	크로마키용 천

⚙️ 카메라

수업 촬영을 위해 아주 고사양의 카메라를 사용할 필요는 없습니다. 평소 집에서 사용하던 디지털카메라나 스마트폰 카메라를 사용해도 충분합니다. 그리고 교과서를 보여 주며 설명하거나, 문제 풀이 위주로 수업을 할 분들은 실물 화상기나 스마트폰, 그리고 캠만 있으면 수업 촬영이 가능합니다. 하지만 카메라를 새로 구입할 계획이 있는 분에게는 다음과 같은 조언을 드립니다.

첫째, 촬영 환경 및 자신의 성격을 고려해야 합니다. 저는 학기 초에는 기존에 가지고 있던 미러리스 카메라를 가지고 대부분의 영상을 촬영했습니다. 하지만 여러 교실과 운동장 등 이곳저곳 이동하면서 촬영해야 해서 카메라가 무겁고 불편하게 느껴졌습니다. 카메라의 무게가 부담이 되었고 결국 나중에는 스마트폰 카메라로 대부분의 영상을 촬영했습니다. 하지만 실내에서 카메라를 한곳에 고정시켜 놓고 촬영하는 경우가 대부분이거나, 조금 무겁더라도 고품질의 영상을 얻고 싶은 분들은 미러리스나 DSLR 같은 고성능 카메라를 구입하는 것이 좋겠습니다.

둘째, 카메라는 반드시 매장에 가서 직접 눈으로 확인한 후에 구매 결정을 내리는 것이 좋습니다. 최근에 많은 분들이 전자 기기를 구입하기 전에 유튜브나 인터넷 블로그 제품 후기 글을 참고합니다. 하지만 후기 글은 협찬을 받아 좋은 점 위주로 적어 놓은 것들이 많고, 또 사람마다 느끼는 바가 다르기 때문에 직접 내 눈으로 확인하지 않고 구입하면 화면에 보이는 너비나 색감 등이 생각했던 것과 완전히 다른 경우가 발생할 수 있습니다. 따라서 인터넷 후기 글은 살펴볼 제품들의 리스트를 만드는 데 활용하고, 직접 매장에 가서 제품을 확인한 후에 최저가로 구입할 수 있는 곳을 찾아 구매하는 것을 추천합니다.

◯ 삼각대

카메라를 고정하는 삼각대는 안정적인 촬영을 위해 반드시 필요한 도구입니다. 삼각대는 본인이 사용하는 카메라와 촬영 환경에 따라 종류가 달라집니다. 스마트폰처럼 가벼운 카메라는 가볍고 작은 삼각대를 사용해도 되지만 미러리스, DSLR처럼 무게가 있는 카메라는 더 무겁고 튼튼한 삼각대를 사용해야 합니다. 그러지 않으면 삼각대가 카메라의 무게를 이기지 못하고 촬영 중에 넘어지거나 쉽게 부러질 수 있습니다. 그러면 소중한 카메라가 파손되거나 고장 나는 불상사가 생길 수 있으니 삼각대는 꼭 후기를 살펴보고 튼튼한 제품을 구입하기 바랍니다.

삼각대의 종류는 일반적으로는 길이를 길게 조정할 수 있는 삼각대를 사용하지만, 주로 앉은 자세로 촬영하는 분들은 20cm 정도 크기에 자유롭게 각도를 조절할 수 있는 일명 고릴라 삼각대라고 불리는 삼각대를 사용하면 여기저기 쉽게 들고 다니면서 촬영할 수 있습니다. 그리고 위에서 교과서를 촬영하며 설명하고 싶은 분들은 카메라 거치대를 구입해 사용하면 됩니다.

◯ 마이크

수업 영상을 촬영할 때는 카메라보다 마이크가 더 중요하다고 말해도 과언이 아닙니다. 화면은 흐릿하지만 않으면 보는 데 큰 문제가 없지만 목소리가 깨끗하게 들리지 않으면 학생들이 수업 내용에 집중하기 어렵고 듣는 내내 불편한 느낌이 들기 때문입니다. 저도 수업 영상을 처음 만들 때는 마이크를 사용하지 않았지만 학생들이 마이크를 사용해서 음질을 개선해 주었으면 좋겠다는 요청을 해서 그때부터 소리에 신경을 쓰게 되었습니다. 꼭 비싼 제품을 구입하지 않더라도 마이크를 사용하는 것과 사용하지 않는 것에는 음질 차이가 큽니다.

마이크는 스마트폰과 컴퓨터 이어폰 잭에 꽂아 사용할 수 있는 핀 마이크, 이어폰/헤드셋 마이크와 usb로 컴퓨터에 연결해 사용하는 스탠드 마이크, 카메라/캠코더에 연결할 수 있는 콘덴서 마이크 등이 있습니다. 학생들이 조금 더 깔끔한 목소리를 들을 수 있도록 하는 것이 목적이기 때문에 고가의 마이크를 구입할 필요는 없습니다. 제가 직접 사용해 보니 만 원대의 핀 마이크만 사용해도 그냥 카메라로 촬영한 목소리보다는 훨씬 깔끔하게 들리는 것을 확인할 수 있었습니다. 그리고 마이크 주변을 감싸 주는 스펀지나 털로 된 윈드실드가 있으면 숨소리나 기타 잡음을 잡아 주는 데 효과적입니다. 움직이면서 연기를 하거나 촬영해야 할 때는 상의에 가볍게 착용할 수 있는 보이스 레코더를 구입해서 사용하면 편리합니다. 마이크를 구입하기 부담스러운 분들은 조용한 공간에서 스마트폰 녹음 기능을 사용해 음성을 녹음하고 그 파일을 영상에 입히면 깨끗한 음질의 영상을 만들 수 있습니다.

⬤▬ 크로마키용 천

크로마키용 천은 배경을 삭제해 주는 크로마키 편집 효과를 사용하고자 할 때 꼭 필요합니다. 크로마키 천은 주로 녹색이나 파란색이며 인터넷에서 '크로마키 천, 크로마키 배경지' 등으로 검색하면 쉽게 찾을 수 있습니다. 저는 원단을 판매하는 사이트에서 천을 구입하는 데 약 만 원 정도의 비용이 들었습니다. 천을 구입해서 교실 칠판이나 게시판 등에 고정하고 그 앞에서 촬영하면 이후 편집할 때 크로마키 효과를 적용할 수 있습니다.

실제 촬영 시 주의할 점

저는 수업 영상을 처음 만들기 시작했을 때 효율적으로 촬영하는 방법을 몰라서 촬영 시간이 매우 길었습니다. 그리고 실수를 해서 열심히 촬영한 영상을 날리게 되는 일들도 있었습니다. 여러분은 아래의 주의사항들을 숙지하셔서 효율적으로 촬영하실 수 있기를 바랍니다.

● 효율적으로 촬영하기

같은 조건에서 촬영하는 장면을 모아서 촬영하기

선생님이 다양한 활동을 구상해 수업 영상을 촬영하는 경우 촬영 장소, 복장, 소품 등이 여러 번 바뀌는 경우가 있습니다. 이때 같은 조건에서 촬영하는 장면끼리는 모아서 촬영해야 촬영 시간을 줄일 수 있습니다. 그래서 촬영 계획 단계에 같은 조건에서 촬영하는 장면들을 모으고 대사도 정리해 두어야 합니다. 그리고 어느 조건의 장면부터 촬영해야 더 쉽고 빠르게 진행될지 생각해서 촬영을 진행해야 합니다.

서로 다른 복장을 입고 등장할 경우, 같은 복장을 입고 등장하는 장면을 모두 모아서 한 번에 다 촬영해야 합니다. 그러지 않으면 인물이 바뀌는 장면마다 옷을 매번 갈아입어야 해서 촬영 시간이 매우 길어집니다.

실수를 하더라도 끊지 않고 이어서 촬영하기

저는 수업 영상을 처음 촬영했을 때 조금이라도 대사 실수를 하면 촬영을 중지하고 다시 촬영하기를 반복했습니다. 이렇게 한 번에 전체를 실수 없이 촬영하려고 하면 성공하기가 어렵기 때문에 촬영 시간이 매우 길어집니다. 수업 영상의 장점은 편집으로 실수한 부분을 잘라 낼 수 있다는 것입니다. 말을 하다 실수를 하면 촬영을 중지하지 말고 잠시 3초 정도 기다린 후, 손뼉을 한 번 크게 치고 실수한 부분부터 다시 촬영을 이어 가면 됩니다. 이때 몸의 자세나 목소리를 실수하기 직전과 비슷하게 취하면 아주 자연스럽게 영상을 이어 붙일 수 있습니다. 중요한 포인트는 실수한 다음에 꼭 3초 정도 기다린 후에 다시 촬영을 해야 한다는 점입니다. 그러지 않고 실수하자마자 바로 다시 촬영을 하면 편집할 때 실수한 부분과 다시 찍은 부분 사이에 간격이 너무 짧아 실수한 부분만 깔끔하게 잘라 내기가 어렵습니다. 박수를 치는 이유는 오디오 편집창을 보면 박수를 친 부분만 소리 파형이 크게 솟구쳐 있어서 편집할 지점을 찾기 쉽기 때문입니다. 촬영 시 카메라와 오디오 녹음 기기를 따로 사용할 경우에도 시작할 때 박수를 크게 치면 편집할 때 싱크를 맞추기가 쉽습니다.

⬤ 오디오 녹음 상태 및 환경 확인하기

오디오 기기가 잘 작동하는지 먼저 확인하기

깔끔한 음질을 위해 카메라의 내장 마이크 대신 따로 외부 마이크나 보이스 레코더를 활용하는 경우 기기가 잘 작동하는지 반드시 먼저 확인을 해야 합니다. 가끔 마이크 연결이 제대로 안 되어 있거나 보이스 레코더 녹음 버튼이 제대로 눌리지 않은 상태로 촬영을 해서 나중에 확인해 보면 녹음이 하나도 안 되어 있는 경우가 종종 발생합니다. 그래서 촬영 전에 아주 짧게라도 테스트를 해서 기기가 잘 작동하는지 확인하고 촬영을 시작하는 것이 좋습니다.

소음 차단하기

학교에서 촬영을 하면 생각보다 소음이 많이 들립니다. 복도에서 이야기하는 소리, 창밖 자동차나 공사장 소리, 학교 수업 벨 소리 등 예상치 못한 소음으로 다 된 밥에 재를 뿌리게 되는 경우가 있습니다. 따라서 수업을 촬영할 때는 꼭 소음이 들리지 않는 조용한 공간, 시간대를 찾아서 촬영을 하는 것이 좋습니다. 그리고 방해를 받지 않도록 교실 문에 '수업 촬영 중' 등과 같이 안내문을 붙여 두면 효과적입니다. 그리고 촬영할 때는 에어컨, 히터를 꼭 꺼야 합니다. 우리가 평소에 생활할 때는 에어컨, 히터의 소리가 잘 느껴지지 않지만 음성 녹음을 해 보면 '웅~' 하고 잡음이 매우 심하게 섞입니다. 따라서 수업 전에 미리 에어컨, 히터를 켜서 교실의 온도를 조절해 두고 촬영할 때는 꼭 꺼야 합니다. 또 교실 공간이 넓으면 소리가 많이 울리기 때문에 다른 장소를 찾는 것이 좋습니다. 저는 주로 영어실에서 수업을 촬영했는데 우리 학교 교실 중에 영어실이 가장 넓어 영어실에서 녹음된 음성은 울림이 매우 심했습니다. 그래서 음성 녹음을 할 때는 크기가 작은 교실이나 회의실 공간을 찾아가 녹음을 하곤 했습니다.

🔘 크로마키 천 사용에 주의하기

크로마키의 핵심 기능은 배경으로 사용된 색상을 선택하면 그 색상과 동일한 부분을 모두 제거해 주는 것입니다. 따라서 색상이 조금만 차이가 나도 배경을 깨끗하게 제거하기가 어렵습니다. 천의 색상이 다르게 인식되는 경우 중 가장 흔한 것이 크로마키 천에 구김이 심하게 가 있는 경우입니다. 천을 접었던 선 자국이 진하게 남거나, 구김으로 인해 그림자가 질 경우 그 부분이 천의 원래 색상과 다른 색상으로 인식되기 때문에 크로마키가 깔끔하게 적용되지 않습니다. 그러니 크로마키 천에 접힘이나 구김이 심하게 갔을 때는 다림질을 해서 사용해야 합니다. 또한, 크로마키를 쓰려면 절대 배경 천과 비슷한 색상의 옷이나 소품을 사용하면 안 됩니다. 옷과 소품이 같은 색상으로 인식되어 편집 단계에서 지워져 버리기 때문입니다.

제가 크로마키의 성질을 잘 몰랐던 당시 배경이 깔끔하기만 하면 되는 줄 알고 하얀 블라인드 앞에서 촬영하고 크로마키를 적용했던 적이 있습니다. 그랬더니 밝은 베이지 색상이었던 제 셔츠와, 치아가 모두 사라져서 흑역사로 남은 적이 있습니다.

03

온라인 수업 영상 편집하기

영상 편집 프로그램 소개

수업 촬영을 끝냈다면 이제는 편집을 해야겠죠. 한국에서 많이 쓰이는 편집 프로그램들의 특징을 표로 정리했으니 살펴보시고 자신의 필요에 맞는 프로그램을 선택해 활용해 보시기 바랍니다.

PC용 편집 프로그램

	곰믹스 (무료)	곰믹스는 영상 편집 입문자들이 쉽게 많이 쓰는 프로그램입니다. 기본적인 컷 편집, 자막, 음악 삽입이 가능합니다. 다만 무료 버전은 영상 시간이 10분으로 제한되고 영상, 오디오, 텍스트, 이미지를 하나씩만 넣을 수 있는 것이 단점입니다.
	뱁믹스 (무료)	뱁믹스는 자막 효과에 특화된 편집 프로그램입니다. 컷 편집을 간단하게 할 수 있고, 유료 자막 아이템을 이용하면 예능 방송처럼 재밌고 화려한 영상을 쉽게 만들 수 있습니다.

	샷컷 (무료)	샷컷은 고급 편집 프로그램인 프리미어 프로와 비슷한 구성을 가지고 있으며 추가 결제 요소가 없는 무료 프로그램입니다. 편집에 필요한 기본적인 기능을 모두 갖추고 있어 고급 프로그램으로 넘어가기 전에 활용해 보기 좋으나 잘 알려져 있지 않아 관련 자료가 많지 않다는 것이 단점입니다.
	다빈치리졸브 16 (무료)	다빈치리졸브는 무료 편집 프로그램 중에 가장 뛰어난 기능을 가진 것으로 알려져 있으며 전문적인 영상을 제작하는 것도 가능합니다. 또한 색 보정 기능이 좋기로 유명하지만 그만큼 프로그램이 무거워 사양이 낮은 PC에서는 사용하는 데 어려움이 있습니다.
	파워디렉터365 (유료)	파워디렉터365는 사용 방법이 직관적이고 편집 소스를 매우 풍부하게 제공하여 초보자도 쉽게 멋진 영상을 만들 수 있습니다. 제품 구매 시 화면 녹화 프로그램을 함께 제공하는데 PC 화면을 워터 마크 없이 오디오와 함께 녹화할 수 있고, 교육 자료에 교사의 웹캠 화면을 담아 영상으로 만들 수 있으며 라이브 스트리밍도 가능합니다. (월 32,000원, 12개월 구독 시 월 8,917원)
	프리미어 프로 (유료)	프리미어 프로는 고급 편집 프로그램으로 어도비사에서 만든 다른 프로그램들과 연동이 잘 되며, 다양한 효과를 스스로 응용하여 만들어 낼 수 있어 활용 범위가 넓습니다. 저사양 PC에서는 사용이 불가능합니다. (학생, 교사의 경우 adobe 전체 앱 월 23,100원)
	파이널컷 프로 (유료)	파이널컷 프로 또한 프리미어 프로와 비슷한 고급 편집 프로그램이나 프리미어 프로에 비해 보다 직관적이고 바로 적용할 수 있는 애니메이션 효과가 많이 있습니다. 영상 편집 후 렌더링 속도가 빠른 편이며 맥북에서만 사용 가능합니다. (교육용 프로 앱 번들 249,000원)

*프로그램 가격은 2021년 1월 기준입니다.

	키네마스터 (유료)	키네마스터는 모바일 편집 프로그램 중에서는 가장 기능이 다양하고 정교한 편집이 가능한 프로그램 중 하나로 알려져 있습니다. 무료 사용이 가능하나 영상 제작 시 워터 마크가 있습니다. (월 4,500원, 연간 25,000원)
	블로 (유료)	블로는 발랄하고 통통 튀는 이미지로 알려져 있고, 자막 효과가 아기자기해서 브이로그 편집용으로 많이 이용됩니다. 무료 사용 시에도 워터 마크가 남지 않는 것이 장점입니다. (월 4,900원, 연간 9,900원, 영구 소장 29,000원)
	비타 (무료)	비타는 완전한 무료 프로그램이며 사용법이 직관적이고 다양한 자막과 트렌디한 효과 및 저작권 문제없이 사용 가능한 효과음, 배경음을 제공하는 프로그램입니다. 저장 시 워터 마크 제거가 가능합니다.
	캡컷 (무료)	캡컷도 완전한 무료 프로그램이며 비타와 기능이 유사합니다. 타 프로그램에서 제공하지 않는 고급 화면 전환, 애니메이션 기능 및 다양한 템플릿과 음원을 제공합니다. 저장 시 워터 마크 제거가 가능합니다.

*프로그램 가격은 2021년 1월 기준입니다.

영상 편집 기술

편집프로그램을 결정했다면 이제는 실제 편집을 해봐야겠지요. 어떤 프로그램을 쓰든 기본적인 편집 방법은 대부분 유사합니다. 영상을 자르고 붙이는 컷 편집 방법과, 크로마키 사용법을 소개하겠습니다.

◯● 컷 편집

영상 편집에 처음 도전하는 분들을 위해 영상 편집의 가장 기본적인 기능인 컷 편집에 대해 소개하겠습니다. 프로그램마다 기능을 사용하는 방법은 조금씩 다르지만 원리는 대부분 비슷합니다. 제가 간편하게 영상 편집을 하고 싶을 때마다 사용하는 '파워디렉터365'를 예시로 설명하겠습니다. 직접 편집을 배워 보고 싶은 분들은 먼저 파워디렉터365 1개월 무료 체험판을 다운받으세요. 아래 소개된 영상의 '글 더 보기'란에 있는 실습 파일을 다운받아 순서대로 따라 해 보면 됩니다.

컷 편집이란 편집 프로그램에 영상을 불러와서 필요한 부분만 잘라 원하는 순서대로 영상을 배치하는 것을 의미합니다. 촬영한 수업 영상 파일을 불러와서 필요 없는 부분은 잘라 내고 꼭 필요한 부분들끼리만 이어 붙이면 멋진 수업 영상을 제작할 수 있습니다.

◯ 컷 편집 방법

	(1) 영상을 만드는 데 필요한 파일들을 편집 프로그램에 불러옵니다. 편집 프로그램에는 보통 영상, 이미지, 오디오 파일을 불러올 수 있습니다.
	(2) 편집 창은 영상 파일을 가져올 수 있는 비디오 트랙과 오디오 파일을 가져올 수 있는 오디오 트랙으로 나뉘어 있습니다. 첫 번째 비디오 트랙에 편집하고 싶은 영상을 클릭해서 드래그합니다. 보통 소리도 녹음되어 있으므로 오디오 트랙도 동시에 채워집니다.

(3) 처음에 가져온 영상 파일 위에 영상, 이미지, 텍스트 등을 얹고 싶을 경우 두 번째 비디오 트랙에 원하는 파일을 끌어와 삽입하고 싶은 위치에 놓으면 됩니다.

(4) 파일을 자르고 싶은 경우에는 '인디케이터'를 자르고 싶은 위치에 가져다 놓고 '자르기' 버튼을 누르면 됩니다.

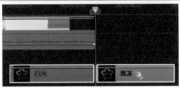

(5) 이렇게 영상이 잘리면 필요 없는 부분은 클릭하여 Del 키를 누르거나, 우클릭한 후 삭제 버튼을 눌러 제거할 수 있습니다.

편집이 끝나면 영상을 내보내기 해서 하나의 완성된 영상으로 만듭니다. 이때 파일 확장자는 mp4로 하면 좋고, 일반적인 영상들의 경우 해상도는 720p / 30fps나 1080p / 30fps로 선택하여 내보내기 하면 됩니다. 720p는 스마트폰이나 작은 화면으로 볼 때 선명하게 볼 수 있는 정도의 화질이고 1080p는 큰 모니터에서 보아도 선명하게 보이는 화질입니다. 하지만 해상도가 높아질수록 영상 크기가 커지고 내보내기 하는 시간도 오래 걸리기 때문에 수업 영상은 720p 정도만 해도 충분합니다.

◯ 재미를 더하는 영상 편집 기술 – 크로마키

그린 스크린(크로마키용 천) 앞에서 찍은 영상은 크로마키를 적용해 배경을 제거할 수 있습니다. 배경이 제거된 영상은 새로운 이미지나 영상을 밑에 깔아서 색다른 배경으로 바꾸어 주거나, 인물만 떼어 내 다른 영상에 삽입하는 등 재미있는 편집이 가능합니다. 크로마키는 편집 프로그램에 따라 '크로마키' 또는 '키잉'이라는 이름으로 쓰여 있습니다.

(1) 그린 스크린 앞에서 촬영한 영상을 불러와 비디오 트랙에 넣습니다. 저는 배경을 학교 전경으로 하고 싶어서 첫 번째 비디오 트랙에 미리 학교 이미지를 깔아 두었습니다.

(2) 그린 스크린 촬영 영상을 더블 클릭하여 설정 창에 들어갑니다. 설정에서 '크로마키 사용'을 선택하고 스포이트로 그린 스크린 부분을 클릭합니다.

(3) 클릭한 부분의 색깔과 동일한 부분이 모두 사라집니다. '색상 범위'와 '노이즈 제거'를 조절하여 사람 주위에 남아 있는 초록색 노이즈를 최대한 깔끔하게 제거합니다.

(4) 배경을 깔아 두지 않았을 경우에는 이렇게 빈 검은 바탕에 사람만 나타나게 됩니다.

(5) 다른 복장을 입고 촬영한 그린 스크린 영상도 크로마키를 사용하여 배경을 없애면 이렇게 두 사람을 한 화면에 넣을 수 있게 됩니다.

04

수업 영상 제작에 유용한 프로그램 및 웹 사이트

수업 영상 제작에 유용한 프로그램

화면에 수업 자료를 띄워 화면 녹화를 하거나 강의식 수업 영상을 제작하고 싶을 때 유용하게 활용할 수 있는 프로그램들을 소개합니다.

⬤▬ 윈도우10 자체 화면 녹화 프로그램 사용하기

윈도우10은 자체 화면 녹화 기능으로 화면과 음성을 녹화할 수 있습니다. 준비한 교육 자료를 화면에 띄우고 말로 설명하는 수업 영상을 만들 때 유용합니다. 얼굴은 녹화되지 않습니다.

① 윈도우 시작키를 누르고 설정 메뉴에 가서 '게임'을 클릭합니다.

② 화면 녹화 기능을 사용하려면 '게임 바'에서 옵션을 '켬'으로 하고 '컨트롤러에서 이 버튼을 사용하여 Xbox Game Bar 열기' 박스에 체크를 해야 합니다. '게임 바' 사용을 위한 단축키를 자유롭게 변경할 수 있습니다.

③ 좌측의 '캡처(또는 게임 DVR이라는 이름으로 나타남)' 탭에 들어가면 저장 위치, 오디오 품질, 마이크 볼륨, 프레임 속도, 비디오 화질 등의 옵션을 조정할 수 있습니다.

④ 수업 자료를 화면에 띄워 두고 Win+G 키를 누르면 녹화를 위한 '게임 바'가 실행됩니다. '게임 바'에서 화면 녹화 버튼을 눌러도 되고 Win+Alt+R 키를 누르면 자동으로 녹화가 시작됩니다.

⑤ 녹화를 종료하면 자동으로 저장 폴더에 영상이 만들어집니다.

⬤▶ 파워포인트로 목소리를 담은 수업 영상 만들기

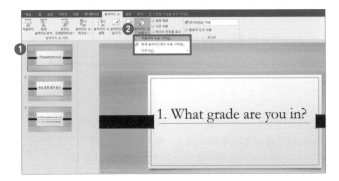

① 먼저 파워포인트로 수업 자료를 제작합니다.

② 수업 자료가 완성되면 상단 메뉴에서 '슬라이드 쇼' - '슬라이드 쇼 녹화' - '처음부터 녹음 시작' 또는 '현재 슬라이드에서 녹음 시작'을 누릅니다. '현재 슬라이드에서 녹음 시작'은 슬라이드마다 끊어 가며 녹음하고 싶을 때 유용합니다. 녹화를 끝내고 싶으면 녹화창 닫기 버튼을 누르면 되고, 말 없이 슬라이드를 넘기기만 하는 장면도 모두 녹화되므로 자료를 넘기면서 필요한 부분에서만 설명하면 됩니다.

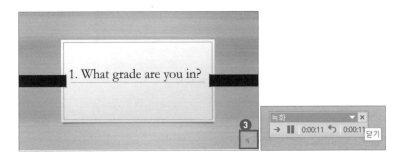

③ 녹화를 끝내면 각 슬라이드마다 사운드 아이콘이 생기며 녹음된 목소리를 확인할 수 있습니다.

④ 이 자료를 영상으로 만들려면 상단 메뉴에서 '파일' - '내보내기' - '비디오 만들기'를 선택합니다. 저장 위치와 파일 이름을 설정하고 저장 버튼을 누르면 영상이 만들어집니다.

⬤ 파워포인트로 얼굴이 나오는 수업 영상 만들기

오피스 2019 버전, 오피스 365 버전에서만 사용 가능한 기능입니다. 얼굴 촬영을 위한 웹캠이 필요합니다. 영상 제작 방법은 앞에서 배운 '파워포인트로 목소리를 담은 수업 영상 만들기'와 거의 동일합니다.

① 먼저 파워포인트로 수업 자료를 제작합니다.

② 수업 자료가 완성되면 상단 메뉴에서 '슬라이드 쇼' - '슬라이드 쇼 녹화' - '처음부터 녹음 시작' 또는 '현재 슬라이드에서 녹음 시작'을 누릅니다.

③ 마이크/카메라를 원하는 대로 끄고 켤 수 있고, 슬라이드 노트를 보며 강의
할 수 있으며, 펜 주석 기능이 있습니다.

④ 준비가 되면 녹음/녹화 버튼을 눌러 강의를 하고 원하는 시점에 정지합니다.

⑤ 각 슬라이드마다 강의 영상이 들어 있는 것을 확인할 수 있습니다.

⑥ 강의가 완성되면 상단 메뉴에서 '파일' - '내보내기' - '비디오 만들기'를 선택
합니다. 파일 이름을 설정하고 저장 버튼을 누르면 영상이 만들어집니다.

◉ loom 으로 얼굴을 담은 수업 영상 만들기

loom(https://www.loom.com)은 쉽게 강의 영상을 만들고 공유할 수 있는 웹 사이트입니다. 구글, 애플 계정이 있으면 바로 로그인이 가능하고, 없을 경우에는 기타 이메일로 계정을 만들어 이용할 수 있습니다. loom의 장점은 사용 방법이 직관적이고, 영상을 따로 내보내는 과정 없이 바로 링크 공유가 가능하다는 것입니다. 다만 무료 이용자는 영상 하나에 5분의 시간 제한이 있고 영상이나 스크린 캡처 파일은 100개까지만 보유할 수 있어 게시물 양이 늘어나면 삭제해 가면서 사용해야 합니다. 이때 이전에 만든 영상은 다운로드해서 따로 보관할 수 있습니다.

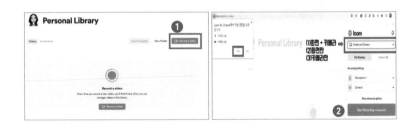

① 로그인한 후 라이브러리에서 'Record a video(비디오 녹화)' 버튼을 누릅니다.
② loom에서 마이크, 카메라 사용을 허용하고 녹화 유형을 선택합니다. 녹화 유형은 3가지로 화면과 카메라를 모두, 화면만, 카메라만 따로 녹화할 수 있습니다. 마이크, 카메라가 내가 원하는 기기가 맞는지 확인하고 'Start Recording(녹화 시작)' 버튼을 누릅니다.

③ 녹화 시작 버튼을 누르면 어떤 화면을 공유할 것인지 선택하는 창이 나옵니
다. 보여 주고 싶은 화면을 선택하고 '공유' 버튼을 누릅니다.

④ 얼굴이 나오는 화면은 크기를 3단계로 조절할 수 있고 위치도 자유롭게 바
꿀 수 있습니다.

⑤ 녹화 완료 버튼을 누르면 완료된 영상을 확인할 수 있고 필요 없는 부분이 있
을 경우 'Trim video(비디오 다듬기)' 기능을 활용해 편집할 수 있습니다. 영
상이 마음에 들면 우측 상단의 'Copy video link(비디오 링크 복사)'를 눌러
원하는 곳에 링크로 영상을 올릴 수 있습니다. 'Copy video link' 버튼 옆의
'…' 버튼을 누르면 영상을 다운로드하거나 삭제할 수도 있습니다.

◉ Zoom으로 얼굴을 담은 수업 영상 만들기

Zoom은 실시간 쌍방향 수업에 많이 활용하는 화상 회의 플랫폼입니다. Zoom은 수업 과정을 녹화할 수 있고 수업을 끝냈을 때 녹화된 파일이 영상으로 저장됩니다. '화면 공유' 기능을 활용해 웹 사이트, 동영상, PPT 등 여러 자료를 자유롭게 오가며 보여 줄 수 있고, '주석' 기능으로 공유되고 있는 자료 화면 위에 펜으로 줄을 긋거나 텍스트를 입력하는 것도 가능합니다. 저는 E-BOOK을 활용해 수업 영상을 만들 때 Zoom 녹화 기능을 가장 많이 활용했습니다.

① Zoom에 로그인한 후 새 회의를 시작합니다.

② 화면 하단에 있는 '기록' 버튼을 눌러 화면 녹화를 시작합니다.

③ '기록' 버튼을 누르면 왼쪽 상단에 화면 기록 탭이 등장합니다. 화면 기록을 중지하고 싶을 때는 '중지' 버튼을 누르면 됩니다.

④ 화면 하단의 '화면 공유' 버튼을 눌러 보여 주고 싶은 수업 자료를 선택하고 '공유' 버튼을 누릅니다. 이때 소리가 나오는 자료는 '소리 공유' 박스도 클릭한 후 공유합니다.

 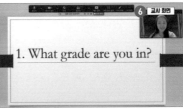

⑤ 공유하는 자료를 바꾸고 싶을 때는 다시 '화면 공유' 버튼을 눌러 자료를 바꿉니다. 자료가 바뀔 때마다 화면 공유를 여러 번 다시 하기 불편할 때는 공유하려는 창을 선택할 때 '화면'을 선택해 공유하면 됩니다.

⑥ 교사의 얼굴이 등장하는 화면은 크기와 위치를 조절할 수 있고 숨길 수도 있습니다. Zoom 화면 녹화에는 교사의 말과 수업 자료에서 나는 소리가 모두 기록됩니다.

⑦ 왼쪽 하단의 비디오 아이콘 옆에 작은 화살표를 눌러 '비디오 설정' - '녹화'에 들어가면 녹화 파일이 저장될 위치를 확인하거나 변경할 수 있습니다.

⑧ 회의 종료 버튼을 누르고 나가면 'Convert Meeting Recording(회의 녹화 기록 변환)' 창이 뜹니다. 이 과정이 끝나면 지정된 폴더 안에 수업 녹화 파일이 만들어집니다.

영상에 얼굴을
드러내지 않는 방법

수업 영상에 자신의 얼굴을 드러내는 것이 부담스럽다면 다양한 필터 효과를 제공하는 카메라 애플리케이션(스노우, 틱톡 등)을 활용하면 자신의 모습을 만화 캐릭터처럼 바꾸어 촬영할 수 있습니다. 또한 최신 핸드폰 중에는 따로 애플리케이션을 사용하지 않아도 자신의 얼굴을 이모티콘으로 만들어 영상으로 찍을 수 있는 기능이 마련되어 있기도 합니다. 이런 기능들을 활용하면 얼굴 노출에 대한 부담 없이 재미있는 수업 영상을 만들 수 있습니다. 저는 원래 제 얼굴을 다 드러내고 영상을 찍지만 가끔씩 재미를 더하기 위해 이런 기능을 활용했습니다. 그리고 다양한 캐릭터를 등장시켜 역할극을 찍고 싶을 때도 이 기능을 활용할 수 있습니다.

틱톡(Tik tok) 앱으로 찍은 수업 영상

아이폰에서 내 이모티콘을 만들어 영상으로 찍는 모습

⬤▫ 개러지 밴드를 활용해 수업용 노래 만들기

영어 수업을 할 때 제가 비트를 활용해 직접 노래를 만드는 것을 보고 많은 분들이 방법을 궁금해했습니다. 저는 아이폰, 아이패드 등에서 제공하는 '개러지 밴드' 애플리케이션의 무료 샘플 비트를 활용해 많은 노래를 제작했습니다. 안드로이드 핸드폰을 이용하는 분들은 안타깝게도 이용할 수 없는 애플리케이션입니다.

개러지 밴드 사용이 불가능한 경우에는 인터넷에서 '무료 비트', 'drum beat' 등을 검색하면 다양한 비트를 얻을 수 있는데 이때 bpm 100 이상의 속도로 검색하면 노랫말을 붙이기에 적절한 속도의 비트를 찾을 수 있습니다. 그 비트를 재생해 두고 선생님이 가사를 부르고 녹음하면 수업용 노래가 만들어집니다.

비트를 사용할 때 공표된 저작물일 경우에는 수업 영상에 저작권 보호 조치를 해서 사용할 수 있고, 로열티 프리(royalty-free)와 같은 문구가 써진 경우에는 비상업적 용도에 한해 출처 표기에만 유의하시면 자유롭게 사용할 수 있습니다.

① 개러지 밴드 앱을 실행합니다.

② 첫 화면의 우측 상단에 있는 '+' 버튼을 눌러 새 노래 만들기를 시작합니다.

③ 화면 상단의 'LIVE LOOPS'를 선택하고 원하는 음악 장르를 선택합니다. 저는 주로 일정한 비트가 빠르게 재생되는 'EDM' 장르를 활용했습니다.

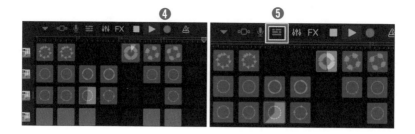

④ 음악 장르를 선택하면 그에 맞는 다양한 샘플 비트가 등장합니다. 마음에 드는 비트를 찾으면 그에 맞게 노래를 연습해 봅니다. 녹음 버튼을 누르고(●) 원하는 비트를 누른 후 자신의 노래에 필요한 길이만큼 재생하고 정지 버튼 (■)을 누릅니다.

⑤ 화면 상단의 ▤ 버튼을 눌러 편집 창으로 들어갑니다.

⑥ 편집 창에 들어가면 내가 재생한 비트들이 녹음되어 있는 것을 볼 수 있습니다.

⑦ 각 비트는 복사, 삭제 등이 자유롭고 꾹 눌러 좌우로 위치를 이동시키거나, 자르고 싶은 위치에 인디케이터를 두고 분할하는 것도 가능합니다.

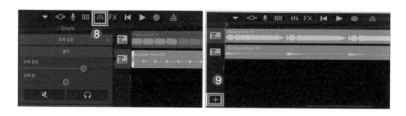

⑧ 화면 상단의 ▥ 버튼을 누르면 각 악기(비트)별로 소리 볼륨이나 음향 효과를 조절할 수 있습니다.

⑨ 이제 비트 반주에 목소리를 입히기 위해 화면 왼쪽 하단의 '+' 버튼을 누릅니다.

⑩ 오디오 레코더에서 '음성'을 선택합니다.

⑪ 재생 버튼(▶)을 눌러 비트 반주에 맞게 노래 부르기를 몇 번 연습한 후 녹음 버튼(●)을 눌러 노래를 녹음합니다. 녹음이 끝나면 다시 화면 상단의 ▦ 버튼을 눌러 편집 창으로 들어갑니다.

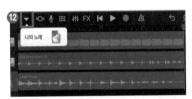

⑫ 노래를 저장하기 위해 화면 상단의 ▼ 버튼을 누르고 '나의 노래'를 누릅니다. 그럼 방금 만든 노래가 저장되어 가장 왼쪽에 나타납니다.

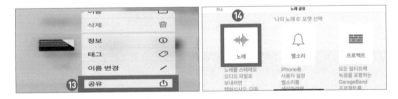

⑬ 만든 노래 파일을 길게 누르면 옵션 창이 뜹니다. 가장 아래로 내리면 있는 '공유' 버튼을 누릅니다.

⑭ 공유 포맷 3가지 중 '노래'를 선택합니다.

⑮ 노래의 음질을 선택합니다. 음질이 높아질수록 용량이 커지는데 저는 보통 보통이나 고음질 정도로 활용했습니다.

⑯ 음질을 선택하고 나면 어디로 공유를 할 것인지 선택하는 창이 나타납니다. 카카오톡이나 클라우드 등으로 보내서 수업 영상 편집 시 활용할 수 있습니다.

제가 수업 영상을 더 알차고 예쁘게 만드는데 많은 도움을 받은 웹 사이트들을 소개합니다.

⬤ PPT를 예쁘게 만들 수 있는 미리캔버스와 슬라이즈고

미리캔버스와 슬라이즈고는 저작권 문제없이 예쁜 디자인의 PPT 템플릿을 제공하는 사이트입니다. 미리캔버스는 PPT뿐만 아니라 로고, 배너, 카드 뉴스, 유튜브 썸네일 등 다양한 형태의 디자인 템플릿을 제공하여 수업 및 학급 경영에 필요한 자료를 만들 때 매우 유용합니다. 슬라이즈고는 주제별로 여러 PPT 템플릿을 제공하며 구글 프레젠테이션과 바로 연동할 수 있어 PPT 파일 제작 및 관리가 용이합니다.

미리캔버스(miricanvas.com)	슬라이즈고(slidesgo.com)
미리캔버스는 사이트 내에서 자료를 제작할 수 있고 이미지 파일 또는 PPT 파일로 다운받을 수 있습니다. 예쁜 폰트를 많이 제공하는 것이 장점인데 수업 자료를 만드는 데는 대부분 문제가 없지만 상업적으로 이용하는 데는 제한이 있을 수 있습니다.	슬라이즈고는 사이트 내에서 바로 편집을 하는 것이 아니라 구글 프레젠테이션으로 연동하거나 PPT 파일을 다운받아 편집을 할 수 있습니다.

🔘 사진의 배경을 깔끔하게 없애 주는 remove.bg

remove.bg는 배경이 있는 이미지를 업로드하면 배경을 깔끔하게 제거해 주는 웹 사이트입니다. 편집된 이미지는 내 컴퓨터에 다운로드하여 사용할 수 있습니다. PPT나 수업 영상을 제작할 때 유용합니다.

🔘 영상 편집 방법 및 편집 소스를 얻을 수 있는 유튜브 채널

수업 영상 제작에 도전하고 싶지만 영상 편집을 어떻게 배워야 할지 몰라 고민하는 분들이 많습니다. 하지만 밖에서 따로 학원이나 과외를 알아보기에는 시간적, 금전적 부담이 큽니다. 그래서 제가 영상 편집을 배울 때 많은 도움을 받았던 유튜브 채널들을 소개합니다. 영상 편집에 대해 조금 배우다 보면 많은 유튜브 영상 속에 나오는 멋진 인트로나 애니메이션 효과들이 실제로 편집자가 제작한 것이 아니라 다른 전문가들이 만들어 배포하는 무료 소스를 다운받아서 사용한 것이라는 걸 알게 됩니다. 제가 소개하는 유튜브 채널 중에는 이런 영상 편집 소스를 만들어 배포하는 곳들도 있으니 유용한 소스들을 다운받아 영상의 질을 높여 보기 바랍니다.

추천 유튜브 채널

조블리 영상 편집
프리미어 프로와 애프터이펙트 사용법을 기초부터 차근차근 알려 주는 채널입니다. 다양한 영상 편집 소스도 다운로드할 수 있습니다

편집하는 여자
프리미어 프로와 애프터이펙트를 활용해 멋지고 화려한 효과를 만드는 법을 잘 알려 주는 채널입니다. 다양한 영상 편집 소스도 다운로드할 수 있습니다.

sera의 인셍방송
파이널컷 프로 사용법을 기초부터 차근차근 알려 주는 채널입니다.

Freeticon
영상을 예쁘고 재밌게 꾸밀 수 있는 다양한 편집 소스를 제공하는 채널입니다. 개인 이용자는 자신의 영상을 게시할 때 Freeticon 채널 출처만 남기면 소스를 무료로 사용할 수 있습니다.

🔘 영어 대사를 드라마, 영화에서 찾아 주는 getyarn.io

getyarn은 영화나 드라마 속에서 내가 검색한 영어 대사가 나오는 장면을 찾아 주는 사이트입니다. 교과서 속 영어 문장이 실제로 사용되는 모습을 생생하게 전달할 수 있어 영어 수업에서 주요 표현을 제시하거나 강세, 어조 등을 지도할 때 매우 유용합니다. 영상을 우클릭하면 바로 다운로드할 수 있고, 작품의 제목 및 제작 연도도 기재되어 있어 출처를 밝히는 데 도움을 줍니다.

05

수업 영상 업로드하기

  수업 영상을 제작했다면 이제는 e학습터나 구글 클래스룸 등 선생님들께서 활용하시는 온라인 클래스 플랫폼에 영상을 업로드할 차례입니다. e학습터나 구글 클래스룸에 학급을 개설하는 방법은 유튜브에 많은 영상이 올라와 있으니 참고하면 쉽게 따라 할 수 있습니다. 하지만 종종 플랫폼에 만든 영상을 직접 업로드하고자 할 때, 용량 제한(e학습터의 경우 300MB 이하의 영상만 업로드 가능)에 걸려 영상을 올리지 못하는 경우가 발생합니다. 이때 영상의 용량을 무리하게 줄이려고 하면 화질이 매우 나빠져 학생들이 시청하기에 불편을 느낄 수 있습니다. 저도 직접 수업 영상을 첨부하여 업로드했을 때 특정 학생들의 태블릿 PC, 또는 스마트폰에서 소리가 들리지 않거나 원인을 알 수 없는 문제들이 발생했던 경우가 있었습니다. 이후 많은 선생님들과 테스트를 해 보니 유튜브에 수업 영상을 업로드하고 링크를 걸면 그런 문제가 발생하는 일이 없었습니다. 또한, 용량 제한을 걱정할 일도 없어졌습니다.

하지만 유튜브 링크를 걸 경우에 단점은 수업 영상 주위에 다른 추천 영상들이 보여서 학생들의 주의가 분산될 수 있다는 것입니다. 때로는 학생들의 나이에 맞지 않는 영상, 유해한 내용이 담긴 영상이 추천되기도 합니다. 이 문제 때문에 학부모들도 교사들이 유튜브 영상 링크를 거는 것에 부정적인 반응을 보이는 경우가 많습니다. 이때 전체 화면에 오직 수업 영상만 보이도록 링크를 거는 방법을 사용하면 문제를 개선할 수 있습니다.

+ Tip 유튜브에 수업 영상만 보이도록 링크 거는 방법

www.youtube.com
↓
www.youtube-nocookie.com

www.youtube-nocookie.com/embed/

watch?v= 부분 삭제

① 유튜브에서 영상을 재생시켰을 때 주소창에 보이는 링크를 복사합니다.
※ 영상 설정 창에서 보이는 링크 주소가 아닌 유튜브 재생 창에서 보이는 링크여야 합니다.

② 영상 주소에서 youtube 뒤에 -nocookie 를 붙입니다.

③ youtube-nocookie.com 뒤에 /embed/ 를 붙입니다.

④ /embed/ 뒤에 있는 watch?v= 부분을 삭제합니다.

⑤ 이렇게 수정한 영상 주소로 링크를 걸면 학생들이 영상을 클릭했을 때 전체 화면에 오직 수업 영상만 보이게 됩니다.

▶ 원 주소: https://www.youtube.com/watch?v=wOZmUPLYo5s
▶ 변경 주소: https://www.youtube-nocookie.com/embed/wOZmUPLYo5s

유튜브에 수업 영상을 업로드할 때 주의할 점

※ 유튜브에 수업 영상을 올릴 때는 저작물을 사용했을 경우 저작물 보호 조치를 해야 하고, 공개 상태를 내가 링크를 제공한 학생들만 볼 수 있도록 '일부 공개'로 올려야 합니다. 그리고 온라인 수업 자료는 광고를 설정해서는 안 됩니다.

온라인 수업 영상과 과제를 게시할 때는 그 수업에 대한 안내 글을 함께 제공하면 학생들이 수업 활동을 이해하는 데 도움을 줄 수 있습니다. 수업 안내 글을 한글이나 pdf 파일로 제공하면 학생의 기기에 따라 열리지 않는 경우도 있어 이미지로 제작해 올리는 것이 좋습니다. 안내 카드는 미리캔버스에서 간단하고 예쁘게 만들 수 있습니다.

e학습터에 수업 순서 안내 카드와 수업 영상 및 과제 링크를 게시해 둔 모습

A B
 C

2020년 처음 온라인 개학이 실시되었을 때는 많은 학교에서
콘텐츠 활용 중심 수업으로 교육과정을 운영했습니다. 하지만 2학기부터
는 학생들과의 소통을 확대하기 위해 일부 수업을 실시간 쌍방향 수업으
로 전환했습니다. 교육부에서도 실시간 쌍방향 수업의 비중을 확대하고
다양한 유형의 온라인 수업을 혼합하여 더욱 효과적인 온라인 수업 교육
과정을 운영하도록 권장하고 있습니다.

Part 4

실시간 쌍방향
수업 진행하기

◀◀ ▶ ❚❚ ■ ▶▶

01

실시간 쌍방향 수업 플랫폼의 종류와 사용 방법

　2020년 처음 온라인 개학이 실시되었을 때는 많은 학교에서 콘텐츠 활용 중심 수업으로 교육과정을 운영했습니다. 하지만 2학기부터는 학생들과의 소통을 확대하기 위해 일부 수업을 실시간 쌍방향 수업으로 전환했습니다. 교육부에서도 실시간 쌍방향 수업의 비중을 확대하고 다양한 유형의 온라인 수업을 혼합하여 더욱 효과적인 온라인 수업 교육과정을 운영하도록 권장하고 있습니다.

　많은 선생님들이 실시간 쌍방향 수업은 운영하기 복잡하고 어려울 것 같다고 생각합니다. 하지만 화상 수업 플랫폼의 기본 기능들을 잘 숙지하고, 실시간 쌍방향 수업 활동들을 연구하다 보면 이전에 대면 수업을 하던 때처럼 선생님만의 특색이 묻어나는 새로운 수업 아이디어들이 떠오를 것이라 생각합니다.

　실시간 쌍방향 수업은 코로나 상황에도 학생들과 직접 얼굴을 마주하고 적극적으로 소통할 수 있어 학급 구성원 간의 라포를 형성하는 데 많은 도움이 되며 학습 면에서 즉각적인 피드백을 제공할 수 있는 큰 장점이 있습니다. 또한 온라인상에서도 모둠 활동을 할 수 있어 학생들의 사회성과 협업 능력을 길러 주는 데 많은 도움이 됩니다.

국내에서 활용되는 실시간 쌍방향 수업 플랫폼의 종류

현재 국내 학교에서 사용되고 있는 실시간 쌍방향 수업 플랫폼에는 Zoom, 구글 Meet, e학습터 화상 수업, MS 팀즈 등이 있습니다.

⬤▷ Zoom

여러 플랫폼 중 지금까지 학교에서 가장 많이 활용되고 있는 것은 Zoom입니다. 그 이유는 첫째, PC와 스마트폰, 태블릿 PC 등 다양한 기기에서 사용이 가능합니다. 둘째, 따로 가입을 하지 않더라도 회의실 번호와 비밀번호를 입력하거나 링크 주소를 클릭하면 바로 회의실 입장이 가능합니다. 셋째, 학생들의 마이크를 전체 음소거할 수 있는 기능 및 화면 공유, 가상 배경 설정, 주석 달기, 화이트보드, 설문 조사, 소회의실 등 다양한 부가 기능이 있습니다. 넷째, 무료 계정은 100명, 유료 계정은 1,000명까지도 동시 접속이 가능합니다. 다섯째, 기본 40분 무료 회의가 가능하고 2020년에는 공직자 계정으로 이용할 시(교육청 이메일 등) 무제한으로 이용 가능했습니다. 여섯째, 회의 장면을 녹화하여 파일로 저장할 수 있습니다.

이런 장점들로 인해 많은 학교에서 학급별 교과 수업 및 입학식, 졸업식과 같은 학교 행사를 진행하는 데 Zoom을 활용했습니다.

단점으로는 보안 문제로 이슈가 된 적이 있는데 최근 보안 기능을 강화한 줌 5.0을 출시하여 문제 해결을 위해 노력하고 있는 모습을 볼 수 있습니다. 그리고 세계의 수많은 학교와 기업이 Zoom을 사용하는 만큼 가끔 접속 상태가 불안정할 때가 있습니다. 선생님들의 경험담에 따르면 여러 학교에서 조회를 하는 오전 9시쯤에는 렉이 발생하거나 접속이 튕기는 문제가 있었고, 화면 공유로 영상을 보여 주려 할 때 심하게 버벅이는 현상이 종종 발생했다고 합니다. 저도 2020년 2학기에 Zoom을 계속 사용했는데 항상 발생하는 일은 아니지만 가끔씩 여러 학생들에게서 접속 문제나 영상 끊김 문제가 발생하는 경우가 있었습니다.

구글 Meet

Zoom 다음으로 많이 사용하는 것은 구글 Meet입니다. 장점으로는 첫째, PC로 이용할 경우 구글 아이디만 있으면 프로그램 설치 없이도 회의실로 바로 접속할 수 있습니다.(스마트폰은 애플리케이션을 설치해야 함) 둘째, Zoom에 비해 접속 오류나 화면 공유 시 끊김 현상이 훨씬 적습니다. 셋째, 무료 회의 시간을 60분 제공합니다. 넷째, 구글 클래스룸과 연동하여 학습 관리와 수업을 한 플랫폼 안에서 할 수 있습니다.

하지만 구글 Meet의 가장 큰 단점은 다른 플랫폼에 비해 부가 기능이 매우 적다는 것입니다. 출석 체크, 소회의실 등의 기능을 구글 확장 프로그램을 설치하면 이용은 가능합니다. 하지만 다른 플랫폼처럼 프로그램 자체에서 부가 기능을 제공하지는 않아 컴퓨터 활용 능력이 높지 않은 사람은 부가 기능들을 찾아 설치하는 과정이 복잡하게 느껴질 수 있습니다. 그리고 무료 계정은 회의 녹화 기능을 제공하지 않고, 유료 계정을 사용하더라도 입장 가능 인원이 150명 정도로 제한됩니다.

평소 구글 클래스룸 및 구글에서 제공하는 다양한 확장 프로그램을 잘 활용하는 선생님은 구글 Meet 사용을 권하지만 그렇지 않은 경우라면 다른 플랫폼을 추천합니다. 일부 학교에서는 구글 Meet가 Zoom보다 접속 문제가 적다는 이점 때문에 교과 수업은 Zoom으로 진행하고 조회 시간만 구글 Meet로 진행하는 경우도 있었습니다.

⬤ e학습터

e학습터 화상 수업은 2020년 후반기에 개시되었는데, 다른 플랫폼들이 화상 회의를 위해 만들어진 것에 비해 e학습터 화상 수업은 오직 수업을 위해 만들어져서 교사에게 필요한 좋은 기능들이 많이 탑재되어 있습니다. 미리 수업 중에 공유할 여러 화면들을 5개까지 불러 두었다가(교사 카메라, 실물 화상기, 디지털 교과서 등) 수업 중 원하는 순간에 편리하게 주/부화면을 전환할 수 있고(주화면: 전체 화면에 크게 뜨는 화면, 부화면: 하단에 작게 보이는 화면) 학생들의 출석을 쉽게 확인할 수 있으며, 학생들이 현재 수업에 집중하고 있는지 확인하기 위해 참여 여부 확인 알림 메시지를 보낼 수도 있습니다. 이때 학생들의 즉각적인 반응 여부에 따라 수업을 보고 있는지, 다른 일을 하고 있었는지 파악할 수 있습니다. 그 외에 모둠 만들기와 퀴즈, 설문 등 수업 중 간단하게 평가를 할 수 있는 기능도 탑재되어 있어 유용합니다. 이제 e학습터는 구글 Meet, MS 팀즈처럼 LMS(학습 관리 시스템)와 화상 수업 시스템이 함께 결합된 형태가 되어 화상 수업, 수업 콘텐츠, 과제 제시를 한곳에서 해결할 수 있고, 다양한 형태의 수업을 넘나들며 운영할 수 있습니다. 또한 조례, 종

례 화상 수업은 따로 수업 등록 없이 학급 메인 화면에서 언제든지 쉽게 열 수 있도록 만들어 두어 편리합니다.

기존에 e학습터를 활용해 오던 학교는 e학습터 화상 수업을 활용하면 학생 관리 및 수업 진행을 모두 e학습터에서 해결 가능하니 온라인 수업 관리가 훨씬 편해질 것 같습니다. 2021년부터는 여러 기업들이 유료화를 진행할 것으로 보이기 때문에 e학습터 시스템에 익숙해지는 것도 좋을 것 같습니다. 하지만 기존에 e학습터를 사용하지 않았거나, 사용했더라도 Zoom으로 쌍방향 수업을 하는 것에 익숙하다면 Zoom을 계속 활용하는 것도 추천드립니다. 가상 배경 설정 등 Zoom에서 선생님들이 자주 활용하는 기능들 몇 가지가 e학습터 화상 수업에는 아직 없어서 사용에 불편함을 느낄 수 있기 때문입니다.

◯ MS 팀즈

MS 팀즈는 기업에서 팀 협업 기능에 특화하여 만든 플랫폼입니다. MS 팀즈 또한 LMS와 화상 수업이 결합되어 있어 학생들의 계정을 모두 등록하고 나면 교사가 학생들의 학습 관리를 편리하게 할 수 있습니다. MS 팀즈는 출석뿐만 아니라 학생들이 시간대별로 어떤 자료를 보고, 학습했는지 확인이 가능하고 학생들이 화상 수업에 늦을 경우 알림을 보내 들어오게 할 수 있는 기능이 있습니다. 하지만 다른 플랫폼에 비해 조작이 조금 복잡하다는 느낌이 들어 많은 학교에서 사용하고 있지는 않습니다. MS 팀즈와 구글의 경우 교육청별로 학교에서 계정을 생성해 사용할 수 있도록 지원하는 경우가 많으니 자신의 교육청이 지원하는 플랫폼을 먼저 확인해 보는 것이 좋습니다.

실시간 쌍방향 수업 플랫폼별 사용 방법

앞서 여러 실시간 쌍방향 수업 플랫폼을 알아보았으니 학교에서 가장 흔하게 사용되고 있는 Zoom과 구글 Meet의 사용 방법을 소개하고자 합니다. e학습터 화상 수업은 e학습터 홈페이지에 있는 '상세 매뉴얼' PDF 파일을 받아 보길 추천드립니다. e학습터 화상 수업에서 사용 가능한 모든 기능이 사진 자료와 함께 아주 상세하게 설명되어 있어 사용법을 쉽게 익힐 수 있습니다.

◉ e학습터 화상 수업 매뉴얼 위치

① e학습터 메인 화면의 우측 상단에 '전체 메뉴'를 클릭합니다.

② e학습터 소개 카테고리 안에 있는 '화상 수업 소개'를 클릭합니다.

③ e학습터 화상 수업 연수 영상과 문서로 된 매뉴얼을 볼 수 있습니다.

⬤ Zoom 사용법 (zoom.us)

1. 회원 가입 & Zoom PC 프로그램 다운로드

① PC에서 주소창에 zoom.us를 입력해 사이트에 접속합니다.

② 이메일을 활용해 회원 가입하고 로그인합니다.

③ 로그인 후 화면 하단에서 '다운로드' - '회의 클라이언트'를 클릭합니다.

④ 회의용 Zoom 클라이언트를 다운로드하면 Zoom PC 프로그램을 사용할 수 있게 됩니다.

- 새 회의: '새 회의'를 누르면 바로 내가 만든 새로운 회의실이 열립니다.

- 참가: '참가'를 누르면 초대받은 회의 ID와 암호를 입력하고 그 회의에 참가할 수 있습니다.

- 예약: 미래 회의 일정을 예약할 수 있습니다.

- 화면 공유: 초대받은 회의 ID와 암호를 입력하고 회의실에 접속해 화면 공유를 할 수 있습니다.

2. Zoom 수업 전 필수 설정

Zoom에서 로그인 후 오른쪽 상단의 '내 계정'을 누릅니다. 화면 왼쪽의 '개인' - '설정'에 들어갑니다. 필수적으로 확인해야 할 설정 항목들은 아래와 같습니다.

① 대기실 ON: 학생들이 수업 전에 대기하는 공간을 열어 두는 기능입니다. 학생들은 교사의 허가하에 입장 가능하며 이 과정에서 수업에 초대되지 않은 사람을 걸러 낼 수 있고, 수업을 준비할 시간을 확보할 수 있습니다.

② 초대 링크 암호 내장 ON: 학생들에게 교사가 회의실 링크를 제공했을 때, 학생들이 링크를 누르면 암호 입력 없이 바로 입장할 수 있도록 하는 기능입니다.

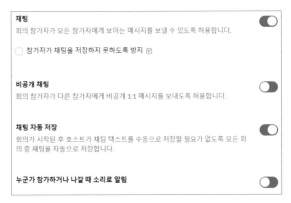

③ 채팅 ON 비공개 채팅 OFF: 학생들이 수업 중에 채팅에 참여할 수 있도록 하고 싶다면 채팅 기능을 켜야 합니다. 하지만 수업 중에 특별한 경우가 아니라면 비공개 채팅은 꺼 두는 것이 좋습니다. 학생들이 비공개 채팅으로 이야기를 나누며 주의가 흐트러질 수 있기 때문입니다. 선생님이 수업 중 채팅 내용을 자동으로 PC에 저장하고 싶다면 채팅 자동 저장을 켜야 합니다.

④ 파일 전송 ON: 수업 중에 학생들에게 이미지, PPT, 과제물 등 파일을 전송하고 싶을 때는 이 기능을 켜 두어야 합니다.

⑤ 화이트보드 ON: 수업 중에 화이트보드 기능을 활용해 기록을 하거나 그림을 그릴 수 있으니 기능을 켜 두는 게 좋습니다.

⑥ 제거된 참가자가 다시 참가하도록 허용 ON: 이 기능은 학생이 이름 설정이나 특정 규칙을 지키지 않았을 때 강퇴했다가 다시 들어올 수 있도록 하고 싶을 때 켜 두면 좋습니다.

⑦ 참가자가 이름을 바꾸도록 허용 ON: 학생들이 이름을 규칙에 맞게 바꾸지 않고 들어왔을 때 다시 수정할 수 있도록 이 기능을 켜 둡니다.

⑧ 소회의실 ON: 수업 중에 따로 작은 회의실들을 열어 짝, 모둠 활동, 개별 상담 등을 할 수 있으므로 기능을 켜 둡니다.

⑨ 가상 배경 이미지 ON: 내 비디오 배경을 원하는 이미지나 영상으로 설정하고 싶은 경우 이 기능을 켜 둡니다.

⑩ 비디오 필터 ON: Zoom에서 제공하는 다양하고 재미있는 카메라 필터를 사용하고 싶은 경우 이 기능을 켜 둡니다.

3. Zoom 화면 내 기능

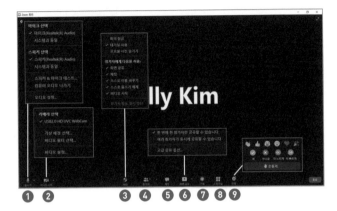

① 음소거: 마이크를 켜고 끌 수 있고, '음소거' 옆 ∧버튼을 누르면 오디오 설정을 할 수 있습니다.

② 비디오: 비디오를 켜고 끌 수 있습니다. '비디오' 옆 ∧버튼을 누르면 비디오 설정을 할 수 있습니다.

③ 보안: 회의 참가자의 활동을 제어할 수 있습니다.(회의 잠금, 대기실 사용, 화면 공유, 채팅, 이름 바꾸기 등)

④ 참가자: 회의 초대 정보를 복사할 수 있고 이메일을 통해 초대를 할 수 있습니다.

⑤ 채팅: 채팅창이 보이도록 켜고 끌 수 있습니다.

⑥ 화면 공유: 참가자들에게 내가 보여 주고 싶은 화면을 공유할 수 있습니다. '화면 공유' 옆 ∧버튼을 누르면 화면 공유 설정을 할 수 있습니다.

⑦ 기록: '기록' 버튼을 누르면 수업 장면이 녹화됩니다. 녹화하고 싶지 않은 부분은 기록을 정지할 수 있습니다.

⑧ 소회의실: 메인 회의실 안에 작은 회의실들을 열어 참가자들을 나누어 보낼 수 있습니다. 주로 짝, 모둠 활동, 개별 상담을 위해 활용됩니다.

⑨ 반응: 참가자의 화면 위에 감정 이모티콘 및 손 들기 효과를 띄울 수 있습니다.

4. 부가 기능

① 초대하기

참가자 버튼을 누르면 회의 ID와 회의 암호를 볼 수 있습니다. '초대 링크 복사'를 누르면 바로 접속 가능한 사이트 주소 링크가 복사되고, '초대 복사'를 선택하면 주소 링크와 회의 ID, 암호가 모두 복사됩니다. 이것을 붙여 넣기 해서 학생들을 회의실로 초대할 수 있습니다.

② 대기실

대기실 기능을 설정해 두면 학생들이 수업에 들어올 때 교사가 '수락' 버튼을 클릭해야만 들어올 수 있습니다.

③ 가상 배경

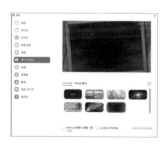

'비디오' 옆 ∧버튼을 누르고 '가상 배경 선택'에 들어갑니다. 우측의 + 버튼을 누르면 자신의 PC에 있는 이미지나 동영상을 배경으로 설정할 수 있습니다. 가상 배경 옆의 비디오 필터에 들어가면 화면의 색감을 바꾸거나 재미있는 스티커를 얼굴에 붙일 수 있습니다.

◀ 아픈 곳을 묻고 답하는 단원을 지도할 때, 의사처럼 하얀 가운을 입고 가상 배경으로 제가 병원에 있는 것 같은 모습을 연출했습니다.

④ 채팅

채팅은 참가자들이 자유롭게 대화를 나눌 수 있고 파일도 전송할 수 있습니다. 비공개 채팅 기능을 꺼 두면 학생들끼리는 비공개 대화를 할 수 없고 회의의 호스트인 선생님과 학생 사이에만 비공개 메시지를 보낼 수 있습니다.

⑤ 화면 공유

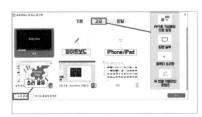

화면 공유를 누르면 '기본' 기능에서 내 PC의 전체 화면, 웹 사이트, PPT, 이미지, 영상 등을 참가자들에게 보여 줄 수 있습니다. 또 스마트폰, 태블릿 PC 화면을 공유하여 보여 줄 수도 있습니다. 소리도 함께 공유하고 싶을 때는 공유 창 하단의 '소리 공유' 박스에 체크를 해야 합니다. 화면 공유 '고급' 기능에는 PPT 슬라이드를 가상 배경으로 설정하는 기능이 있습니다. 내 모습을 PPT 위에 띄울 수 있어 수업 중에 재미있게 활용할 수 있습니다.

⑥ 주석 기능

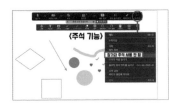

화면 공유를 하면 화면 상단에 컨트롤 박스가 뜨고 주석 기능을 선택할 수 있는 버튼이 생깁니다. 주석 기능 안에는 도형과 화살표 삽입, 펜 필기, 텍스트 입력 기능 등이 있습니다. 주석 기능을 전체 참가자에게 허용해 주면 화면에 낙서를 하는 학생들이 생길 수 있습니다. 그런 일을 방지하고 싶을 때는 컨트롤 박스 끝에 있는 '더 보기' 버튼을 눌러 '참가자 주석 사용 안 함'을 선택하면 됩니다.

Part 4 실시간 쌍방향 수업 진행하기

⑦ 소회의실 기능

소회의실을 누르면 몇 개의 소회의실을 만들 것인지, 참가자를 랜덤으로 정할 것인지, 선생님이 직접 정할 것인지 등을 선택할 수 있습니다. 참가자가 소회의실을 선택하도록 허용하는 기능은 팀이 형성되는 특정한 조건(학급 내 모둠이 있는 경우 등)이 있을 때 학생들이 알아서 방에 들어가도록 할 수 있어 편리합니다. 회의실 내 대화 및 채팅은 메인 회의실이나 다른 소회의실에서 들을 수 없습니다. 교사는 소회의실을 옮겨 다니며 학생들을 관찰할 수 있고, 학생들은 소회의실 내에서 '호스트에게 도움 요청' 기능을 활용해 교사의 도움을 청할 수 있습니다. 일정 시간이 지나고 교사가 소회의실 닫기 버튼을 누르면 60초 후에 소회의실이 닫힌다는 안내가 참가자들에게 전달됩니다. 소회의실을 닫는 시간은 먼저 예약해 둘 수도 있습니다. 시간이 다 되면 학생들은 메인 회의실로 돌아오게 되는데, 60초를 다 기다리지 않고 메인 회의실로 나가고자 할 때 소회의실에서 나가기를 누르지 않고 메인 회의를 아예 나가 버리는 경우가 있으니 학생들이 이 점에 유의해야 합니다.

◀ 제가 도움 요청을 받고 소회의실에 들어가서 학생들이 활동하는 모습을 지켜보는 장면입니다.

⑧ 핀/추천 기능

회의의 호스트 또는 참가자의 화면을 클릭하면 '핀', '추천 추가'라는 기능이 뜹니다. '핀'은 내가 특정한 사람의 화면을 전체 화면으로 크게 보고 싶을 때 사용하는 기능입니다. 그 사람은 다른 사람이 핀을 했는지 알 수 없기 때문에 교사가 수업 중에 특정 학생을 관찰하고자 할 때 사용할 수 있는 기능입니다.

'추천 추가'는 호스트가 특정 학생의 비디오를 모든 사람들의 화면에 전체 화면으로 뜨도록 설정하는 기능입니다. 발표하는 학생이 있을 때 그 학생의 화면을 추천해 주면 좋고, 여러 사람을 동시에 추천할 수도 있어서 짝 발표나 모둠 발표를 시킬 때도 사용하는 기능입니다.

⑨ 전체 음소거 기능

회의 호스트는 화면 하단의 '참가자' 버튼을 누르면 현재 회의에 참가한 사람들의 명단과 그들의 마이크, 비디오 상태를 확인할 수 있습니다. 이때 '모두 음소거' 버튼을 누르면 모든 사람의 마이크가 즉시 음소거 상태로 바뀝니다. 수업 중에 누군가의 마이크에서 소음이 들려올 때 즉시 문제를 해결할 수 있어 매우 유용한 기능입니다.

◯● 구글 Meet 사용법 (meet.google.com)

1. 구글의 기본 기능

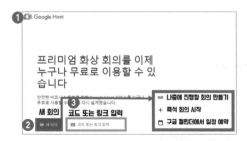

① 구글 계정으로 접속하고 구글 Meet 페이지에 들어갑니다.

② '새 회의'를 눌러 바로 회의를 시작하거나 일정을 예약할 수 있습니다.

③ 다른 회의실의 코드나 링크가 있다면 입력하여 입장이 가능합니다.

회의에 처음 입장하면 다음과 같은 화면 구성을 볼 수 있습니다.

① '회의 세부 정보'에서는 회의 링크를 복사할 수 있습니다. 주소 끝에 영어로 이루어진 회의 코드가 있는데, 초대받은 사람들은 그 코드를 입력하거나 링크 전체를 이용해 회의실 입장이 가능합니다.

② 화면 중앙 하단에는 마이크/회의 종료/카메라 버튼이 있습니다.

③ 화면 우측 하단에는 화면 공유를 위한 '발표 시작' 버튼이 있습니다.

④ 화면 우측 하단 끝의 ⋮ 버튼을 누르면 부가 기능을 사용할 수 있습니다.

2. 부가 기능

① 입장 수락하기

코드를 입력하여 회의실에 입장하려는 참가자가 있는 경우 '수락' 버튼을 눌러 주어야 합니다.

② 참가자 기능 조정(핀/음소거/제거)

특정 참가자의 화면 위에 커서를 올려 두면 핀/음소거/제거 버튼이 뜹니다. 해당 참가자의 화면을 전체 화면에 띄우고 싶을 경우 '핀'을 누르면 되고, 음소거와 제거는 해당 참가자의 마이크를 끄거나, 방에서 강제 퇴장 시킬 때 사용 가능합니다.

③ 자막 기능

'자막 사용' 기능을 사용하면 사람들이 하는 말이 자동으로 자막 처리되어 화면 하단에 나타납니다. (영어만 가능)

④ 배경 기능

가상 배경을 넣을 수 있는 기능입니다. 기본으로 제공되는 다양한 이미지와 내가 불러온 이미지를 사용할 수 있습니다. 또한 '배경 약간 흐리게', '배경 흐리게' 기능을 사용하면 인물 뒤로 보이는 배경을 약간 또는 매우 흐리게 조정할 수 있습니다.

02

실시간 쌍방향 수업 시 필요한 학생 지도 사항

교사들은 3월 학기 초 학생들을 만나면 1년간 학급에서 지켜야 할 여러 가지 규칙들을 알려 주고, 그 규칙이 몸에 배어 습관이 될 수 있도록 지도합니다. 이와 마찬가지로 실시간 쌍방향 수업 또한 등교 수업과 마찬가지로 학생들이 지켜야 할 규칙을 구체적으로 안내하고 반복적으로 지도해야 합니다. 습관은 하루아침에 만들어지는 것이 아니기 때문입니다.

학생들에게 지도해야 할 실시간 쌍방향 수업 규칙에는 학습 태도 및 윤리, 인성 교육이 모두 포함되어야 하는데, 그래야 학생들이 온라인 수업 상황에서도 바른 학습 태도를 기를 수 있고 모두에게 안전한 학습 공간을 만들 수 있기 때문입니다. 등교 수업이 줄어들었을 때 교사가 온라인 수업 규칙을 제대로 지도해 주지 않으면 자기 관리 능력이 부족한 학생들은 학습 및 생활 습관이 쉽게 무너질 수 있습니다. 또 수업 규칙을 제대로 지키지 않는 학생들이 많아지면 수업 시작 시간이 늦어지거나, 수업 중 방해가 되는 행동을 하여 학급 전체가 피해를 받는 일이 자주 발생할 수 있습니다. 윤리 및 인성 교육이 필요한 까닭은 수업 저작권과 초상권 관련 규칙이 지켜지지 않으면 학생들의 개인 정보가 유출되거나 악용될 우려가 있으며, 무분별한 언어 사용으로 학생들이 정서적 피해를 입을 수 있기 때문입니다.

그리고 실시간 쌍방향 수업을 본격적으로 시작하기 전에 학생들에게 수업에 필요한 기기 및 플랫폼 사용 방법을 알려 주는 과정이 꼭 필요합니다. 이 과정을 거치지 않으면 수업에 제대로 참여하지 못하는 학생들이 생겨 수업이 원활하게 진행되지 못합니다. 학생들이 등교했을 때나 온라인 조회 시간에 실시간 쌍방향 수업 플랫폼에 접속하는 방법 및 수업 활동에 참여하기 위해 사용해야 하는 기능들을 하나하나 천천히 알려 주어야 합니다. 나이가 어린 학생들은 초반에 부모님이나 집안 어른의 도움이 필요할 수 있습니다. 가정에 도와줄 수 있는 사람이 없는 학생은 따로 학교에 불러 지도하는 것이 좋습니다.

실시간 쌍방향 수업 규칙

학생들에게 꼭 지도해야 하는 실시간 쌍방향 수업 규칙은 다음과 같습니다.

▶ 수업 전 준비하기

- 일찍 일어나서 단정한 옷차림을 합니다.
- 준비물을 미리 챙기고 수업과 관련 없는 물건은 모두 치웁니다.
- 공부에 집중할 수 있는 조용한 공간에서 수업에 참여합니다.
- 수업에 필요한 카메라와 마이크가 잘 작동하도록 항상 관리합니다.

◎ 수업 입장 시 지켜야 할 점

- 수업 시작 10분 전에 대기실에 입장합니다.
- 이름은 자신의 번호+이름으로 설정합니다. (예: 1번 김켈리)
- 수업 입장 시 반드시 마이크를 음소거합니다.
- 수업이 진행되는 동안 비디오 화면을 끄지 않고 얼굴이 잘 보이도록 합니다.

◎ 수업 중에 지켜야 할 점

- 눕거나 엎드리지 않고 바른 자세로 수업을 듣습니다.
- 선생님의 말을 귀 기울여 듣고 수업에 적극적으로 참여합니다.
- 수업과 관련 없는 행동을 하지 않습니다. (음식 섭취, 자리 이탈 등)
- 발표는 모든 사람들에게 잘 들릴 수 있도록 큰 목소리로 합니다.
- 과제는 자신의 힘으로 성실하게 수행합니다.
- 문의 사항이 있을 때는 채팅으로 선생님에게 질문합니다.
- 말이나 채팅을 할 때 다른 사람을 존중하는 언어를 사용합니다.

◎ 저작권 및 초상권 관련 규칙

- 선생님과 친구들의 모습을 카메라로 촬영, 캡처, 녹화하지 않습니다.
- 다른 사람에게 우리 반 수업 모습을 공개하지 않습니다.
- 우리 반 수업 주소를 다른 사람에게 알려 주지 않습니다.

학생이 규칙을 지키지 않는 경우 대처 방안

교사가 수업 규칙을 여러 번 지도해도 규칙을 잘 지키지 않는 학생들을 쉽게 볼 수 있습니다. 제가 한 학기 동안 Zoom 수업을 하며 학생들을 관찰했을 때 가장 많이 발생했던 문제 상황은 다음과 같습니다.

첫째, 늦잠을 자서 수업에 지각합니다. 둘째, 수업 중에 비디오로 얼굴을 제대로 비추지 않습니다. 셋째, 마이크가 고장 나서 발표 활동에 제대로 참여하지 못합니다. 넷째, 채팅창에서 장난을 치거나 친구를 속상하게 하는 말을 합니다. 다섯째, 수업에 들어오지 않거나 온라인 과제를 제출하지 않습니다.

위와 같은 문제가 발생했을 때는 학생이 규칙을 잘 지킬 수 있도록 독려하고, 다음에는 같은 행동을 반복하지 않도록 당부해야 합니다. 그럼에도 학생이 같은 행동을 반복할 경우에는 반드시 개별 상담이 필요합니다. 개별 상담은 문제가 발생한 날 실시간 쌍방향 수업을 마치고 그 학생만 따로 남겨서 얼굴을 보며 이야기하는 것이 가장 좋습니다. 문제는 발생했을 때 바로 지도하는 것이 효과적이고, 얼굴을 마주 보고 이야기하는 것이 교사의 생각을 더 정확하게 전달할 수 있기 때문입니다.

🔘 수업에 지각할 때

학생들이 늦잠을 자고 수업에 지각하는 문제는 온라인 수업 기간 동안 학생들의 생활 습관이 흐트러지면서 자주 발생합니다. 교사는 학생의 최근 생활 습관이 어떠한지 묻고, 규칙적으로 생활할 수 있도록 취침 및 기상 시간을 약속해야 합니다. 학생 혼자서는 이 약속을 지키기 어려울 수 있으므로 가정에서의 연계 지도가 필요합니다. 제가 아는 한 선생님께서는 이 문제를 해결하기 위해 '짝 모닝콜' 제도를 운영했다고 합니다. 두 사람씩 짝을 지어 자신의 짝이 수업 시작 전에 들어와 있지 않으면 전화를 걸어 수업에 들어오도록 하는 제도입니다. 아침에 교사가 수업 준비를 함과 동시에 학생들의 출석을 확인하고 들어오지 않는 학생들마다 전화를 걸려고 하면 수업을 하기도 전에 엄청난 에너지가 소모됩니다. 하지만 이 제도를 활용하면 교사의 부담을 많이 줄일 수 있습니다.

◯◼ 비디오에 얼굴을 비추지 않을 때

수업 중에 학생들이 비디오로 얼굴을 제대로 비추지 않거나 꺼버리는 경우에는 이 행동이 어떤 의미를 가지는지 정확히 알려 주어야 합니다. 학생들은 비디오를 끄거나 제대로 비추지 않더라도 내가 수업 공간에 들어와 있기 때문에 별로 문제가 되지 않는다고 생각합니다. 하지만 쌍방향 수업 중에 비디오를 제대로 비추지 않으면 선생님과 다른 학생들이 그 학생을 볼 수 없게 됩니다. 이는 마치 학생이 대면 수업 중에 교실을 나가 버리는 행위와 같고, 함께 수업하고 있는 다른 사람들을 존중하지 않는 행동이라는 것을 분명하게 지도해야 합니다. 그리고 실제로 학생들은 대면 수업 때도 교사가 보고 있지 않으면 다른 친구와 장난치거나 딴짓을 하는 경우가 많습니다. 학생들 스스로도 이 문제에 대해 잘 알고 있습니다. 따라서 카메라를 제대로 비추지 않으면 수업 중에 딴짓을 하게 될 가능성이 높아지고 수업 집중도가 떨어질 수 있다는 점을 짚어 주어야 합니다. 다만, 쌍방향 수업은 대면 수업과 달리 화면에 비치는 내 얼굴이 계속 신경 쓰이기 때문에 수업 시간이 길어지면 큰 피로감을 느낄 수 있습니다. 따라서 글을 쓰거나 문제를 푸는 등 혼자서 활동에 집중해야 하는 시간에는 얼굴 대신 손이나 공책을 비추도록 허용해 학생이 카메라로부터 쉴 수 있는 시간을 마련해 주는 것이 좋습니다.

◯● 마이크가 고장 났을 때

실시간 쌍방향 수업은 학생들이 직접 수업 활동에 참여하고, 학급 구성원들 간에 적극적인 상호 작용이 일어나는 것이 중요합니다. 그런데 학생들 중 마이크를 제대로 관리하지 않고, 고장이 났지만 고치거나 새로 구입하지 않아서 지속적으로 수업 활동에 참여하지 못하는 경우가 있습니다. 이런 경우 교사는 그 학생이 수업 활동에 제대로 참여하지 못하니 학생의 수업 태도나 이해도를 평가하기도 어렵고, 학급 전체 학생수를 고려해 계획한 수업 활동이 제대로 이루어지지 못하는 문제도 발생합니다. 따라서 학생에게 기기가 제대로 준비되어 있지 않았을 때 발생하는 문제점에 대해 제대로 인지시키고, 빠른 시일 내에 기기를 교체하도록 해야 합니다. 교체하는 날짜도 같이 약속하는 것이 좋고, 학생이 핑계를 대며 약속을 지키지 않는 경우에는 가정 내 어른에게 부탁을 드려야 합니다. 그리고 PC로 접속한 학생에게 마이크 문제가 있는 경우에는 마이크가 교체될 때까지 스마트폰으로 접속하도록 하는 방안도 있습니다. 스마트폰은 마이크가 고장 나는 경우가 거의 없기 때문입니다.

◯● 채팅창에서 장난칠 때

수업을 하다 재미있는 이야기 소재가 나오면 갑자기 흥분하여 채팅창에서 수업과 관계없는 말을 하거나, 채팅창을 도배하는 학생들이 종종 나타납니다. 그리고 특정 학생을 나무라거나 놀리는 말을 하는 학생들도 있습니다. 이전에 교사가 배려하고 존중하는 언어 생활의 필요성에 대해 꾸준히 지도해 왔다면, 한두 마디 주의만 주어도 금방 문제가 해결됩니다. 하지만 여러 차례에 걸쳐서 계속 같은 행동을 보이는 학생은 꼭 개별 상담이 필요합니다. 개별 상담을 통해 학생이 왜 그런 행동을 했는지, 그 당시 학생의 생각과 기분은 어떠했는지 질문합니다. 대개 특별한 이유 없이 그냥 재미로 했다고 답하는 경우가 많습니다. 이에 교사는 그 학생에게 역지사지를 떠올려 보도록 지도합니다. 누군가가 너에게 나쁜 말을 계속 한다면 네 기분이 어떨 것 같은지, 그리고 네가 어떤 일에 진지하게 집중하고 있는데 누군가 계속 방해하면 어떤 영향을 받을 것 같은지 학생 스스로 생각하고 답해 보도록 합니다. 그 이후에 다시 원래의 문제 상황으로 돌아와, 당시에 학생이 어떻게 반응하는 것이 옳은 행동이었을지 스스로 이야기해 보도록 합니다. 앞으로는 비슷한 상황에서 어떻게 행동할 것인지 약속하고 상담을 마무리합니다. 그런데 학생이 단순히 재미로 그런 말을 한 것이 아니라 그날 기분이나 컨디션이 안 좋았거나, 상대 학생과 문제가 있었던 경우라면 그 학생에게 어떤 일이 있었는지 잘 듣고 학생의 감정을 받아들이는 과정도 필요합니다. 제대로 된 교육이 이루어지기 위해서는 문제 행동의 원인을 제대로 파악해야 하고, 학생과 좋은 관계를 맺는 것이 선행되어야 하기 때문입니다.

🔘 결석하거나 과제를 안 낼 때

학생이 수업에 결석하고 과제를 수행하지 않는 문제는 학습 결손으로 이어질 수 있고, 학습 결손이 누적되면 기초 학력 미달이 될 수 있기 때문에 교사가 꼭 세심하게 관리해야 합니다. 학생들이 출석과 과제 제출을 성실하게 수행하도록 하려면 교사의 개별 피드백이 잘 이루어져야 합니다. 출석이나 과제 제출에 불성실하게 임하는 학생에게도 별다른 제재가 행해지지 않으면 그 학생은 당연히 나태해지게 되고, 다른 학생들에게도 부정적인 영향을 미칠 수 있기 때문입니다. 따라서 교사는 출석과 과제 제출 여부를 꼼꼼하게 확인하고, 성실하게 임하지 않은 학생들에게는 개별 연락을 취해야 합니다. 문제가 해결되지 않으면 가정의 연계 지도가 반드시 필요합니다. 그런데 이때 가정에서도 제대로 지도가 이루어지지 않는 경우에는 교사가 짧게라도 시간을 내어 1:1로 학생을 지도해 주는 노력이 필요합니다. 제 동료 선생님의 예를 들면, 학급 내 한 학생이 수차례 수업에 결석하는 일이 발생했습니다. 알고 보니 부모님이 맞벌이를 해 아침에 아이를 관리해 주지 못하자 학생이 계속 수업에 빠진 것입니다. 부모님이 선생님의 연락을 받고 아이를 관리해 보려 했지만 학생의 태도는 나아지지 않았습니다. 그래서 선생님이 부모님의 동의를 받고, 실시간 쌍방향 수업이 있는 날 그 학생을 따로 학교에 불러 교실에 앉아 수업을 듣도록 했습니다. 그리고 이미 학습 결손이 일어난 부분은 개별 지도를 해 주었습니다. 이 학생은 선생님의 노력과 희생이 없었다면 대부분의 수업을 결석했을 것이고 학습 결손 누적이 심각하게 일어났을 것입니다.

하지만 모든 선생님이 이렇게 학생을 따로 불러 지도할 수 있는 것은 아닙니다. 선생님에게 학생을 따로 지도할 열정이 있더라도 환경적으로 불가능한 상황도 많이 있습니다. 그런 경우 대안은 실시간 쌍방향 수업을 녹화한 영상을 수업에 빠진 학생에게 제공하고 학생의 이해도를 확인할 수 있는 개별 과제를 제공하는 것입니다. 그런데 사실 교사가 여러 차례 지도를 했음에도 수업에 안 들어오는 학생이라면, 이렇게 수업 영상을 제공하더라도 제대로 보지 않을 확률이 훨씬 높습니다. 그래서 제가 택했던 방법은 학생이 등교하는 날을 최대한 활용하는 것이었습니다. 아침 시간, 쉬는 시간에 학생을 따로 불러 혼자서도 공부할 수 있게끔 쉽게 핵심이 정리되어 있는 학습 자료를 제공하고, 기본적인 설명을 해 주었습니다. 그리고 다른 학생들이 수행했던 과제를 해결하도록 했습니다. 그 학생의 학업 성취도가 다른 학생들과 비슷하다면 기존 과제를 동일하게 제시했지만, 학생의 학업 성취도가 낮다면 과제 수준에도 변화를 주었습니다. 예를 들어 원래 과제가 영어 시간에 배운 표현을 활용해 여러 문장으로 이루어진 짧은 글을 쓰는 것이었다면, 그 학생에게는 예시 글을 제공하고 빈칸을 뚫어 단어 수준에서 글을 변형해 보도록 한 후, 스스로 전체 글을 따라 써 보도록 했습니다.

그런데 중·고등학교에서는 교과별로 교사가 다르고 초등학교에서도 담임이 아닌 교과 전담 교사는 학생과 따로 연락을 취하기 어려운 경우가 많이 있습니다. 그리고 교과 전담 교사는 매 교시 다른 학급 수업으로 이동해야 하기 때문에 학생들과 개별 상담을 할 시간이 절대적으로 부족합니다. 저도 교과 전담을 맡았기 때문에 이 어려움에 대해 크게 공감합니다. 하지만 그런 상황 속에서도 학생의 문제 행동에 대한 교사의 직접적인 지도는 반드시 필요합니다. 쉬는 시간에 잠깐이라도 시간을 내어 문제 행동을 한 학생을 지도하면 지도를 아예 하지 않았을 경우와 비교하여 이후 학생들의 행동에서 큰 차이가 나기 때문입니다.

문제 행동이 오랫동안 지속되고 해결의 기미가 보이지 않는 학생은 진지한 개별 상담과 가정 내 연계 지도가 꼭 필요합니다. 이때 교과 전담 교사가 연락처를 얻어 학생에게 직접 연락하고 상담을 진행할 수도 있지만, 학생 및 학부모와 라포가 형성되어 있지 않아 상담이 잘 이루어지지 않을 것으로 예상된다면 담임 교사의 도움을 받는 것이 좋습니다.

03

실시간 쌍방향 수업에 유용한 웹 사이트 및 프로그램

실시간 쌍방향 수업은 학생들이 직접 수업에 참가할 수 있고 학급 구성원들 사이에 적극적인 상호 작용을 이끌어낼 수 있는 장점이 있습니다. PPT와 영상, 노트, 필기구만 있어도 재미있는 활동들을 많이 할 수 있지만 학생들이 동시에 입력 가능한 협업 플랫폼 및 퀴즈/게임 플랫폼, 학습 보조 도구 플랫폼들을 활용하면 더 알찬 수업을 만들 수 있습니다.

구글 도구

구글 문서, 프레젠테이션, 스프레드시트(엑셀), 설문지, 잼보드는 저장하지 않아도 자동으로 저장되고, 링크를 공유하면 여러 사람이 접속하여 동시 작업이 가능하다는 장점이 있습니다. PC 이용자는 로그인하지 않아도 링크로 바로 접속하여 작업이 가능하며 스마트폰으로 접속할 경우에는 계정과 애플리케이션이 필요합니다.

⬤ 구글 문서

구글 문서는 워드와 유사한 문서 작성 기능을 가진 프로그램입니다. 교사가 해결할 과제가 담긴 문서 링크를 공유하면 학생들이 문서 페이지에 접속하여 개별 또는 모둠별로 과제를 해결할 수 있습니다. 동시에 입력이 가능하기 때문에 각자 역할을 나누고 협력하여 과제를 수행할 수 있고, 교사는 '댓글' 기능으로 적절한 피드백을 제공할 수 있습니다.

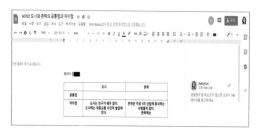

⬤ 구글 프레젠테이션

구글 프레젠테이션은 PPT와 유사한 문서 작성 기능을 가진 프로그램입니다. 학생들이 페이지 내에서 이미지를 검색하고 바로 슬라이드에 넣을 수 있기 때문에 쉽게 슬라이드를 꾸밀 수 있다는 장점이 있습니다. 학급 학생 수만큼 슬라이드를 만들어 놓고 링크를 공유해 각자 자신의 페이지에서 개별로 과제를 수행하게 하거나, 모둠별로 서로 다른 PPT 링크를 주고 서로 협력하여 발표 자료를 만들게 할 수도 있습니다. 또한, 교사가 댓글로 피드백을 제공할 수 있습니다.

◯▶ 구글 설문지

구글 설문지는 질문을 작성하여 링크를 공유하면 학생들이 로그인 없이도 설문에 답하고 제출할 수 있는 프로그램입니다. 수업 후 평가지, 수업 내용 확인 문제지로 많이 활용되며 설문 결과를 그래프로 정리해 주고, 한눈에 보기 쉽도록 엑셀 파일로도 다운받을 수 있습니다. 설문지 문제는 객관식, 단답형, 주관식 등 다양한 형태로 작성할 수 있고 문제를 틀렸을 경우 다시 풀게 할 수 있는 기능도 마련되어 있어 많은 교사들이 수업 퀴즈 도구로 활용합니다.

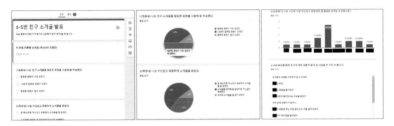

◯▶ 구글 스프레드시트

구글 스프레드시트는 엑셀과 유사한 문서 작성 기능을 가진 프로그램입니다. 스프레드시트는 다른 도구에 비해 사용법이 조금 어렵기 때문에 학생들이 직접 문서를 작성하는 것보다는 주어진 서식에 간단하게 O/X나 짧은 단어를 입력해 넣는 식으로 자주 활용합니다. 주로 출석, 과제 제출 여부, 발표 여부 등을 확인하는 데 사용합니다. 학생들이 각자 체크할 수 있어 교사는 시간과 에너지를 절약할 수 있습니다.

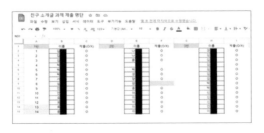

◯● 구글 잼보드

구글 잼보드는 화이트보드 기능을 가진 프로그램으로 구글 Meet의 부가 기능에도 포함되어 있습니다. 동시 작업이 가능하며 펜, 도형, 텍스트 입력이 편리합니다. 왼쪽 상단에 '1모둠'이라 쓰인 스티커 메모는 원하는 만큼 생성이 가능하고 자유롭게 움직일 수 있어 학급 학생들의 생각을 공유하는 활동을 할 때 유용합니다.

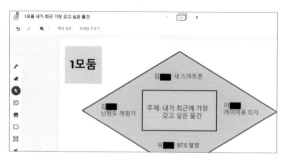

◯● 구글 아트앤컬처

구글 아트앤컬처는 구글과 파트너 관계인 미술관 소유의 작품을 온라인에서 고해상도로 감상할 수 있도록 하는 문화 예술 프로젝트입니다. 다양한 테마별로 분류되어 있어 작품들을 더 재미있게 감상할 수 있으며 수업 자료로 활용하기에 유용한 사이트입니다.

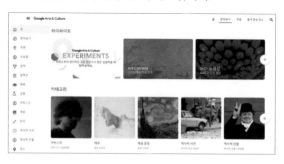

◯● 구글 송메이커

구글 송메이커는 화면에 보이는 칸을 클릭하여 간단한 멜로디와 화음을 만들어 나만의 음악을 만들 수 있는 사이트입니다. 어린 학생들도 직관적으로 쉽게 음악을 만들 수 있기 때문에 음악 수업과 연계하여 다방면으로 활용할 수 있습니다.

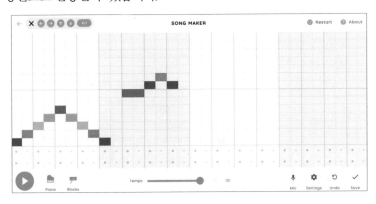

동시 작업이 가능한 웹 사이트 및 프로그램

　페이지 공유를 통해 동시 작업이 가능한 사이트, 프로그램들을 잘 활용하면 학생들이 서로 의견을 공유하며 적극적으로 상호작용할 수 있고, 학생들의 과제를 한데 모아 살펴보기에도 편리합니다.

⬤▶ 패들렛(padlet.com)

　패들렛은 게시판, 마인드맵, 지도, 타임라인 등 다양한 유형(총 8개)의 페이지를 만들 수 있습니다. 학생들에게 페이지 링크를 제공하면 로그인 없이 접속해 자유롭게 게시물을 남길 수 있습니다. PC, 스마트폰 모두 별도의 프로그램 설치 없이 이용이 가능합니다. 글, 그림, 비디오, 녹음 파일, 링크 등 다양한 유형의 게시물을 올릴 수 있고 각 게시물에 댓글 등 반응을 남길 수도 있어 과제를 제시하고 평가하기에 매우 유용합니다. 또 다른 사람이 작업하는 모습을 실시간으로 확인할 수 있어 수업 시간에 토의·토론 활동, 조사 활동 등을 진행할 수 있습니다. 무료 계정을 이용할 경우 패들렛 작성 개수 제한이 있지만 작성된 자료는 PDF 파일로 다운로드할 수 있어 수업 및 과제 기한이 끝난 패들렛은 삭제하고 계속 이용할 수 있습니다.

⬤▷ 비캔버스(beecanvas.com)

비캔버스는 화이트보드의 형태의 협업 도구로 포스트잇 도구 사용에 가장 특화된 플랫폼입니다. 링크를 제공해 학생들에게 공유할 수 있습니다. 펜, 텍스트, 링크, 포스트잇, 도구, 표, 스티커 등 캔버스를 채울 수 있는 다양한 기능이 구비되어 있고, 다른 사람이 게시한 오브젝트를 클릭하여 댓글을 남길 수 있습니다. 그리고 누군가 캔버스 내에 입력이나 수정을 할 경우 기록이 남아 학생들의 활동을 모니터할 수 있습니다. 비캔버스는 무료 계정 이용 시 캔버스를 13개까지 작성할 수 있습니다.

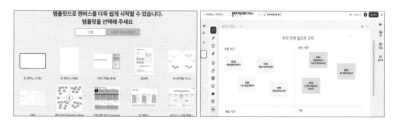

⬤▷ 마인드 마이스터(mindmeister.com)

마인드 마이스터는 마인드맵을 만드는 데 특화된 협업 도구입니다. 다른 플랫폼에 비해 마인드맵 내 내용을 입력하고 이동시키는 조작이 매우 빠르고 편리합니다. 링크 공유로 학생들이 접속해 동시에 작업할 수 있으며 다른 사람이 올린 글에 댓글을 달 수 있습니다. 무료 계정 이용 시 마인드맵을 3개까지 만들 수 있습니다.

학습용 퀴즈/게임 웹 사이트 및 프로그램

학생들의 학습 흥미를 높이고, 수업 후 이해도를 확인하는 용도로 유용하게 활용되는 웹 사이트와 프로그램들을 소개합니다.

⬤▸ 퀴즈 제작 사이트

띵커벨(www.tkbell.co.kr) / 카훗(kahoot.com)

띵커벨과 카훗은 둘 다 퀴즈를 만들 수 있는 사이트입니다. 카훗은 외국 사이트이지만 이용에 큰 어려움은 없습니다. 띵커벨과 카훗에서 퀴즈를 만들면 화면에 노래와 애니메이션 효과가 더해져 재미를 더할 수 있고, 학생들은 링크를 통해 로그인 없이 퀴즈 참여가 가능합니다. 띵커벨은 퀴즈를 과제형으로만 제시할 수 있지만 카훗은 실시간 퀴즈 활동이 가능하여 실시간 쌍방향 수업이나 등교 수업 때 학생들이 PC 또는 스마트폰으로 접속해 다 같이 문제를 풀 수도 있습니다. 두 사이트 모두 학생별, 각 문항별 결과를 보기 쉽게 분석해 주기 때문에 학생들의 학습 결과를 파악하고 관리하는 데 편리합니다.

띵커벨 문제 & 결과 화면   카훗 문제 & 결과 화면

🔘 영어 게임 제작 사이트

플리피티(flippity.net) / 워드워(wordwall.net)

플리피티와 워드워는 둘 다 영어 시간에 활용할 수 있는 다양한 게임을 만들 수 있는 사이트입니다. 실시간 쌍방향 수업 중에 화면 공유로 게임 화면을 보여 주면서 학생들과 팀을 나누어 게임을 진행하면 재미있게 즐길 수 있습니다. 링크를 제공하여 과제로 제시할 수도 있습니다. 플리피티는 무료이며 워드워는 무료 계정을 이용할 경우 여러 가지 게임 유형 중 5가지를 선택해 총 18개의 게임을 만들 수 있습니다.

플리피티 게임 목록의 일부   워드워로 만든 게임 예시의 일부

🔘 게싱홀 게임용 프로그램(Web paint)

Web paint는 구글 웹스토어에서 설치할 수 있는 확장 프로그램으로 크롬 화면 내에서만 사용이 가능합니다. 크롬 창에 그림을 띄워 둔 상태에서 페인트 툴을 활용해 화면을 검게 뒤덮고 화면 공유를 합니다. 이후 지우개를 이용해서 뒤에 가려진 그림을 조금씩 보여 주면서 학생들과 게싱홀 게임을 할 수 있습니다.

크롬 웹스토어에서 웹 페인트를 검색한 모습   웹 페인트로 게싱홀 게임을 하는 모습

⬤▶ 그림을 활용한 게임 사이트

퀵드로우(quickdraw.withgoogle.com) / 오토드로우(autodraw.com)

　퀵드로우는 인공 지능을 활용한 그림 그리기 게임입니다. 사이트에서 제시어를 주면 20초 이내에 빠르게 그림을 그려 인공 지능이 그 제시어를 맞히도록 해야 합니다.

　오토드로우는 학생이 그림을 그리면 그 그림을 분석하여 깔끔하게 그려진 예시 그림들을 제공합니다. 학생은 그 예시 그림들을 사용해 멋진 그림을 그릴 수 있습니다. 그림에 자신이 없는 학생들도 그림 활동에 즐겁게 참가할 수 있는 것이 장점이고, 오토드로우 기능을 사용하고 싶지 않을 경우에는 그냥 그림을 그릴 수도 있습니다. 두 사이트 모두 무료로 제공됩니다.

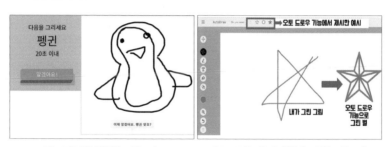

퀵드로우에서 '펭귄'을 그린 모습　　　　오토드로우 기능을 활용해 그림을 그린 모습

04

재미있는 실시간 쌍방향 수업 게임 활동

실시간 쌍방향 수업은 학생들이 컴퓨터 화면을 보며 혼자 집에서 수업을 들어야 하고, 등교 수업에 비해 생동감이 떨어지기 때문에 수업 분위기가 딱딱하고 지루해지기 쉽습니다. 하지만 실시간 쌍방향 수업에서도 다양한 게임을 활용하면 수업 분위기를 즐겁게 만들 수 있고, 학생들 간의 관계도 더 친밀해질 수 있습니다. 게임은 수업 전에 몸과 마음을 깨우는 용도로 가볍게 진행할 수도 있고 수업 주제와 연계하여 실질적으로 학습에 도움을 주는 형태로도 활용할 수 있습니다. 선생님과 학생들이 함께 게임을 한 후에는 같은 게임을 모둠별로 소회의실에서 해 보도록 할 수도 있고, 학생들의 제안에 따라 게임을 변형하거나 새로운 게임을 만들어 나갈 수도 있습니다. 이제 다양한 게임 활동들을 살펴보며 수업에 어떻게 녹여낼 수 있을지 재미있는 아이디어들을 떠올려 보기 바랍니다.

실시간 쌍방향 수업 놀이 활동

제가 수업 내용과 연계하여 자주 실시했던 실시간 쌍방향 수업 놀이 활동들을 소개합니다.

⬤ O/X 퀴즈

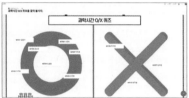

교사가 내 주는 문제를 듣고 학생들이 ○ 또는 ×를 표현합니다. 이때 카메라 앞에서 직접 몸으로 O/×를 표현하거나, 패들렛, 비캔버스 같은 플랫폼에서 자신의 이름이 적힌 포스트잇을 옮겨 응답할 수 있습니다.

⬤ 진진가(진짜진짜가짜) 퀴즈

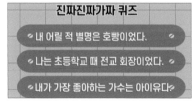

교사가 특정 주제에 관해 진실인 문장 2개, 가짜인 문장 1개를 말합니다. 학생들은 무엇이 가짜인지 찾아내는데, 이때 정답을 손가락으로 표시하거나 패들렛, 비캔버스에서 포스트잇을 옮겨 응답할 수 있습니다.

◉▶ 다섯 고개 퀴즈

교사가 내는 힌트를 듣고 퀴즈를 풉니다. 힌트는 하나씩 읽어 주거나 PPT에서 보여 주며 진행합니다. 학생들은 손을 들고 답을 발표하거나 채팅으로 입력할 수 있습니다. 퀴즈 주제를 '우리 반 학생'으로 정하면 학생들이 친구의 특징에 대해 알 수 있는 기회가 되며, 주변에서 쉽게 볼 수 있는 물건을 퀴즈 문제로 내는 경우 물음표 주머니나 박스에 물건을 담아 두었다가 답으로 공개하면 재미를 더할 수 있습니다.

◉▶ 게싱홀 퀴즈

교사가 사진이나 그림의 일부를 조금씩 보여 주면 학생들은 그것이 무엇인지 맞힙니다. 구글 확장 프로그램인 web paint나 인디스쿨에서 게싱홀 게임 프로그램을 다운받아 진행할 수 있습니다. 비슷한 유형의 퀴즈로 사진을 매우 크게 확대하여 특정 부분만 보여 주고 무엇인지 맞히도록 할 수도 있습니다.

◯● '이게 무슨 소리일까?' 퀴즈

교사가 어떤 대상(동물)의 소리를 들려주면 학생들은 그것이 무엇인
지 맞힙니다. 이때 교사가 컴퓨터로 효과음을 들려줄 수도 있지만 몇
명의 학생들에게 비밀 채팅으로 대상을 알려 주고 학생들이 직접 소
리를 흉내 내도록 할 수도 있습니다. 또는, 특정 주제와 관련한 다양한
소리를 들려주고 관련된 주제가 무엇인지 맞히도록 할 수도 있습니다.
(예: 파도, 매미, 선풍기 소리를 듣고 여름이라는 주제를 맞히기) 다양한 효과음
은 freesound.org 사이트에서 쉽게 구할 수 있습니다.

◯● 마임으로 퀴즈 내기

(1) 동작 모드: 교사나 학생이 특정 대상이나 주제를 몸으로 움직이며 표
현하면 다른 학생들은 그것이 무엇인지 맞힙니다.
(2) 정지 모드: 특정 대상, 주제를 정지된 한 장면으로 표현하면 다른 학
생들은 그것이 무엇인지 맞힙니다.

⬤ 캐치마인드 퀴즈

(1) 개인전: 교사나 학생이 온라인 화이트보드나 종이에 특정 대상을
   그려 보여 주면 다른 학생들은 그것이 무엇인지 맞힙니다.

(2) 팀전:

   ① 모둠을 나누고 모둠별 게임 순서를 정합니다.

   ② 교사가 같은 모둠 학생들에게 비밀 채팅으로 제시어를 줍니다.

   ③ 같은 모둠 학생들이 정해진 순서대로 그림을 그립니다. 한 사람당
   10초 정도로 제한 시간을 둡니다.

   ④ 그림을 그리는 중에 답을 맞힐 수 있도록 하거나, 그림을 다 그린
   후에 답을 맞히도록 규칙을 조정할 수 있습니다.

⬤ UP & DOWN 퀴즈

교사나 학생이 수와 관련한 문제를 내면 다른 학생들이 답을 맞힙니다.
제시한 수가 답보다 작으면 UP, 답보다 크면 DOWN이라고 외칩니다.

🔘 단어 퀴즈

(1) 초성 퀴즈: 교사나 학생이 단어의 자음을 보여 주면 다른 학생들은 무슨 단어인지 맞힙니다.

(2) 훈민정음: 교사나 학생이 초성을 말하면(예: ㄱㄷ) 다른 학생들이 그에 맞는 단어를 하나씩 말합니다.(예: 구두/계단) 가장 마지막에 말하는 학생이 벌칙을 수행하도록 합니다.(예: 제자리에서 일어나서 다섯 바퀴 돌기 등)

(3) 입 모양 보고 맞히기: 교사나 학생이 특정 단어를 소리 내지 않고 말하면 다른 학생들은 입 모양을 보고 무슨 단어인지 맞힙니다.

🔘 가라사대 게임

영어에서는 Simon says 게임이라고도 하는데 교사가 '가라사대'라는 말을 붙이고 어떤 동작을 말했을 때만 학생들이 그 동작을 따라할 수 있는 게임입니다.

⬤▭ 텔레파시 게임

교사나 학생이 여러 가지 선택지 중 마음속으로 고른 것이 무엇일지 다른 학생들이 맞히는 게임입니다. 밸런스 게임처럼 선택하기 어려운 상황들을 제시하면 재미를 더할 수 있습니다. 영어 교과에서는 문장을 여러 개 제시하고 그중에 교사가 택한 문장이 무엇일지 생각해 써 보는 쓰기 연습 게임으로 자주 사용합니다.

⬤▭ 단어 로또 게임

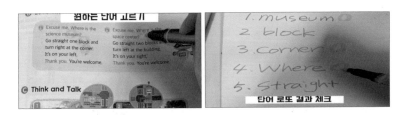

학생들에게 일정 시간을 주고 교과서의 특정 페이지에서 단어를 ○개 골라 쓰도록 합니다. 시간이 다 되면 교사가 자신이 고른 단어를 불러 줍니다. 가장 많은 단어가 일치한 학생에게 보상합니다. 영어 교과에서 다양한 단어를 써 보도록 연습시킬 때 이용하는 게임인데, 타 교과에서는 차시 내 중요한 단어를 찾도록 변형할 수 있습니다.

◑ 빙고 게임

(1) 일반 빙고: 학기 초에 친구 이름 빙고를 하면 친구들의 이름을 빨리 외우는 데 도움이 됩니다. 또 특정 주제에 관해 글을 쓸 때 글의 소재를 브레인스토밍하는 용도로 활용할 수 있습니다.(예: 우리 동네에 대한 홍보 글을 쓰기 전에 게임으로 아이디어 떠올리기)

(2) 줄 빙고: 일자로 된 5개 칸을 만들고 단어를 써 넣도록 합니다. 돌아가며 단어를 하나씩 부르고 5개 칸 전체가 지워지면 빙고가 되는 방식입니다. 그날 배운 내용 중 중요한 단어를 써 보도록 하는 방식으로 진행할 수 있습니다.

◑ ㄱㄴㄷ 이야기 만들기

학생들이 돌아가며 이야기를 만드는데 한글 자음을 하나씩 순서대로 넣어서 이야기를 지어야 합니다.(그 자음이 꼭 첫 번째 글자에 있을 필요는 없습니다.) 영어 시간에는 abc 순서대로 진행할 수 있습니다.

◯▶ 메모리 게임

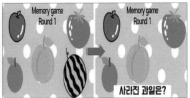

(1) 시장에 가면: 학생들이 특정 주제와 관련한 단어를 하나씩 돌아가며 말하는데, 다른 학생들이 앞에서 말한 것들을 다 나열한 후에 자신이 생각한 단어를 말할 수 있습니다. 게임 주제를 '수업 중에 나온 단어'로 정하면 수업 정리 활동으로도 활용할 수 있습니다.

(2) 사라진 것 찾아내기 게임: 교사가 여러 가지 물체가 모여 있는 사진을 보여 준 후 다음 장면에서는 그중 한 가지가 사라진 사진을 보여 줍니다. 학생들은 사라진 것이 무엇인지 알아맞힙니다.

◯▶ 거울놀이

(1) 똑같이 따라 하기: 교사나 한 학생이 하는 동작을 보고 똑같이 따라 합니다.

(2) 반대로 따라 하기: 교사나 한 학생이 하는 동작을 보고 좌/우 또는 상/하 반전하여 따라 합니다.

◐ 물건 찾아오기 놀이

　교사나 학생이 어떤 특징을 설명하면 다른 학생들은 집에서 그와 관련한 물건을 빠르게 찾아옵니다. (예: 이 물건은 네모 모양이야. – 교과서, 공책, 거울 등) 이때 물건의 특징을 학생들의 추억, 사연과 관련한 것으로 제시하면 물건을 가져온 다음 이야기를 나누는 활동으로 이어 갈 수 있습니다. (예: 누군가에게 선물로 받은 물건을 가져와. – 학생들이 물건을 가져오면 누가, 왜 주었는지, 그때의 기분은 어땠는지 등에 대해 이야기 나눌 수 있습니다.)

◐ 릴레이 이야기 만들기

　학생들이 한 명씩 돌아가며 짧게 이야기를 지어 말합니다. 앞의 사람이 말한 내용에 덧붙여서 이야기를 이어 가야 하고 마지막 사람은 이야기의 결말을 내야 합니다. 이야기를 처음 시작할 때는 교사가 운을 띄우거나 특정한 사진을 제시하여 상상하는 데 도움을 줄 수 있습니다.

온라인 수업 기간에도 학급 구성원 및 학부모와의 소통이
원활하게 이루어지도록 하기 위해서는
학급 소통 공간, 일명 온라인 학급방을 개설하는 것이 좋습니다.
온라인 수업을 하다 보면 기기 조작 및 플랫폼 접속, 학교 수업 일정 및
과제 관련 문의로 학생과 학부모의 전화가 빗발칩니다.

Part 5

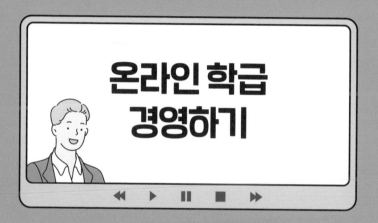

온라인 학급
경영하기

학급 소통 공간 개설하기

온라인 수업 기간에도 학급 구성원 및 학부모와의 소통이 원활하게 이루어지도록 하기 위해서는 학급 소통 공간, 일명 온라인 학급방을 개설하는 것이 좋습니다. 온라인 수업을 하다 보면 기기 조작 및 플랫폼 접속, 학교 수업 일정 및 과제 관련 문의로 학생과 학부모의 전화가 빗발칩니다. 온라인 개학이 처음 시행되었을 때는 선생님들이 스스로 콜센터 직원이 된 것 같다고 이야기하기도 했습니다. 이때 온라인 학급방을 활용하면 학생, 학부모의 문의에 쉽게 답변해 줄 수 있고 자주 묻는 질문은 공지로 게시할 수도 있습니다. 또한 교사가 학생들에게 1:1 피드백을 쉽게 제공할 수 있고 학생들 간의 소통도 늘릴 수 있어 효과적인 학급 경영이 가능합니다.

온라인 학급방 플랫폼

학교 선생님들께서 많이 활용하는 온라인 학급방 플랫폼에는 대표적으로 구글 클래스룸, 네이버 밴드, 클래스팅, 카카오톡 오픈채팅 등이 있습니다.

⬤ 구글 클래스룸

구글 클래스룸은 대표적인 LMS(학습 관리 시스템)인 만큼 게시글 및 댓글 기능을 활용해 학사 일정, 수업 자료 공유 및 과제 수합이 매우 수월합니다. 하지만 주로 댓글을 통해 소통하기 때문에 개별 연락을 위해서는 카카오톡 오픈채팅 방 등을 따로 운영하면 더 좋습니다.

⬤ 네이버 밴드

네이버 밴드는 기존에 친목 모임용 플랫폼이었으나 온라인 개학 이후 학급방용 기능을 대폭 강화하여 출석 체크, 수업 자료 제공, 과제 수합 및 어린 학생들을 위한 보안 관리 등 학교에서 사용하기 편리하도록 많은 기능이 마련되었습니다. 학급 전체 채팅 및 교사와의 1:1 채팅이 가능하고, 라이브 방송으로 수업을 진행할 수도 있습니다. 꼭 수업이 아니더라도 라이브 방송을 통해 교사와 학생들이 이야기를 나누며 소통할 수도 있습니다. 다만 라이브 방송은 교사의 화면만 송출되므로 학생들의 얼굴은 보이지 않고 채팅으로만 소통할 수 있습니다.

⬤ 클래스팅

클래스팅은 온라인 개학 이전부터 학급 알림장 안내 및 사진, 영상 자료를 보관하는 용도로 자주 활용되던 플랫폼입니다. 교사가 안내 사항을 전달하고, 자료를 공유하는 용도나 학생-학부모와 1:1 채팅 및 전화를 하는 용도로 사용하면 편리합니다. 하지만 영상이나 자료를 올리는 데 있어 다른 플랫폼보다 파일의 용량이나 길이에 제약이 있어 온라인 수업을 위한 공간으로 병행하기에는 어려움이 있습니다.

⬤ 카카오톡 오픈채팅

카카오톡 오픈채팅은 교사의 개인 전화번호를 공유하지 않더라도 학급 채팅 방을 만들 수 있어 유용합니다. 학생들이 채팅 방에 모이는 것에 대해 걱정을 하는 분들도 있지만 이용 시간 및 대화 내용에 대해 온라인 학급방 규칙을 정하고 운영하면 큰 문제없이 이용할 수 있습니다. 채팅 공지 기능을 이용해 학생들에게 중요한 안내 사항을 전달하거나 화상 수업 링크를 제공할 수 있고, 학생들이 교사에게 질문하거나 과제를 제출할 수도 있습니다. 학생이 교사에게 1:1 대화를 신청할 수 있기 때문에 개별 과제 수합 및 개별 피드백을 제공해야 할 때 편리하게 활용할 수 있습니다. 오픈채팅에는 광고업자 등 외부인이 갑자기 들어올 수 있기 때문에 학생들만 참여할 수 있도록 참여 코드(암호)를 지정해 두는 것이 필요합니다.

02

학생들과 소통하기

　학급 경영을 잘 하기 위해서는 학급 구성원들 간에 좋은 관계가 형성되어야 한다는 것을 우리는 모두 잘 알고 있습니다. 학급은 많은 사람들이 모인 하나의 작은 사회와 같습니다. 따라서 구성원들 사이에 서로 친밀하고 신뢰하는 관계가 기반이 됐을 때 더 건강하고 행복한 모습의 학급을 가꾸어 나갈 수 있습니다. 이전부터 교사들은 이 관계의 중요성에 대해 깊이 인지하고 있었고, 학생 상담 및 대화법, 학급 놀이 등을 연구하며 학생들과 좋은 관계를 가지기 위해 많은 노력을 기울여 왔습니다. 하지만 코로나 19가 유행하고 원격 수업을 하게 되자 학급 구성원들이 서로 만날 수 있는 시간 자체가 대폭 줄어들었습니다. 그리고 방역 수칙 때문에 함께 할 수 있는 활동의 범위가 크게 축소되면서 학급 구성원들 간에 좋은 관계를 맺는 것이 이전보다 훨씬 더 어려워졌습니다. 하지만 이런 어려운 상황 속에서도 많은 선생님들께서는 학생들과 가까워지기 위해 노력했습니다. 이 장에서는 저와 제 주변 선생님들께서 온라인 수업 기간에 학생들과 좋은 관계를 맺기 위해 어떤 방법들을 활용했는지 소개하려 합니다. 이 방법들이 참고가 되어 많은 선생님들께서 학생들과 더 행복한 학급을 만들 수 있었으면 좋겠습니다.

◯● 수업 영상으로 학생들에게 기쁨 주기

수업 영상은 교사 혼자 단방향으로 수업을 진행하기 때문에 학생들과 소통하기 가장 어려운 수업 유형입니다. 하지만 수업 영상으로 학생들에게 교사에 대한 좋은 이미지를 심어 줄 수 있는 방법들이 있습니다.

첫째, 영상 속에서 학생들을 생각하는 마음을 담아 격려의 말을 건넵니다. 수업을 시작할 때는 밝은 표정과 목소리로 인사하고 학생들의 안부를 물어봅니다. 비록 학생들이 바로 대답을 해 줄 수는 없지만 이후 댓글 기능을 활용해 소통할 수 있습니다. 그리고 선생님은 학생들이 현재 어려움을 겪고 있을 부분에 대해 공감하는 말을 하며 학생들을 격려해 줍니다. 예를 들어 시험을 앞둔 고등학생들에게는 "공부 스트레스가 심할 텐데 선생님도 여러분의 마음을 이해합니다."와 같은 공감과 위로의 말을 하고 응원 메시지를 전달할 수 있습니다. 또 학교에 나오지 못하고 혼자서 온라인 수업을 들어야 하는 학생들에게 선생님이 격려의 말과 함께 어서 학교에서 만나고 싶다는 메시지를 전달하면 학생들도 선생님에 대한 그리움과 호감이 한층 커질 수 있습니다.

둘째, 수업 영상이나 과제물에 학생들의 이름을 넣습니다. 학생들은 선생님이 자신에게 애정 어린 관심을 가지고 있다는 것을 느낄 때 마음속 깊이 기쁨을 느끼고, 선생님에게 감사하는 마음을 가지게 됩니다. 그래서 수업 영상에 나오는 문제나 과제를 제작할 때 가르치는 학생들의 이름을 넣어 관심을 표현해 주면 학생들이 무척 좋아하고 재미있어하는 모습을 볼 수 있습니다. 예를 들어 저는 과거 담임을 할 당시, 수학 평가 문제에 우리 반 아이들의 이야기를 담았습니다. '우리 반에서 달리기가 아주 빠른 ○○이는 100m를 뛰는 데 35초가 걸렸습니다. ○○이가 더 열심히 달리기를 연습했더니 그 다음번 기록은 29초가 나왔습니다. ○○이의 기록은 몇 초나 더 빨라졌나요?'와 같이 우리 반 학생들의 이름과 특징을 담아 문제를 냈더니 시험인데도 불구하고 학생들이 아주 재미있어하며 함박웃음을 짓는 모습을 볼 수 있었습니다. 이와 비슷한 방식으로 한 선생님께서는 수업 영상 속에 학생들 이름을 등장시키고 수업 내용 확인 퀴즈 문제를 낼 때 '오늘 수업 속에 등장한 우리 반 친구의 이름은 무엇이었나요?' 하고 물어보기도 했다고 합니다. 그러면 학생들이 우리 반 친구 이름을 다시 한 번 떠올릴 수도 있고, 선생님은 학생들이 실제로 그 수업을 들었는지 확인할 수도 있어 일석이조의 결과를 얻을 수 있습니다. 등교 일수가 적어 학생들의 특징을 잘 관찰할 수 없는 경우에는 학생들의 관심사와 특기를 묻는 설문지를 돌려 특징을 파악할 수 있습니다.

수업 중에 서로 친해지기

실시간 쌍방향 수업을 하면 교사와 학생들이 서로 얼굴을 보며 대화할 수 있어 활발한 소통이 이루어질 수 있습니다. 교사가 긍정적인 에너지로 수업을 이끌어 나가며 개별 학생들에게 관심을 보여 주고, 학생들이 서로 칭찬하고 격려해 줄 수 있는 수업 환경을 조성해 주면 학생들은 그 속에서 안정감과 용기를 가지고 무럭무럭 성장해 나갈 수 있습니다.

구체적인 방법으로는 **첫째, 수업이 시작할 때마다 짧게나마 교사와 학생이 서로 소통하는 시간을 가집니다.** 담임 교사라면 조회 시간을 활용할 수 있겠지만 교과 전담 교사는 수업이 시작할 때 이 활동을 짧게 진행하면 좋습니다. 저는 실시간 쌍방향 영어 수업을 시작하기 전에 밝고 부드러운 느낌의 클래식이나 재즈 음악을 틀어 두고 학생들을 맞이했습니다. 수업 시간이 되면 밝게 인사를 하고 학생들에게 오늘 기분이 어떤지 손가락으로 표현해 보도록 했습니다. (1: 매우 나쁨 ~ 5: 매우 좋음) 저는 학생들의 손가락 개수를 보면서 "○○는 오늘 기분이 아주 좋은가 보구나. ●●는 기분이 그냥 그런가 보네." 하고 학생들의 이름을 한 번씩 불러 주었습니다. 그리고 몇 명의 학생들에게는 오늘 기분이 좋은/나쁜 이유가 무엇인지, 오늘 아침 식사로는 무엇을 먹었는지, 지난 주말에는 무엇을 했는지 등 짧은 질문을 하고 서로 이야기를 나누었습니다. 제가 질문한 학생들의 이름은 학생 명단에 체크해 두고 수업 중에 기회가 생길 때마다 질문하지 않았던 다른 학생들에게 말을 걸 수 있도록 노력했습니다. 이렇게 수업 전에 학생들과 소통하는 시간을 가지면 서로에 대해 조금씩 알아 갈 수 있을 뿐만 아니라 수업 분위기도 훨씬 좋아질 수 있습니다.

둘째, 학생들이 자신이 좋아하는 것에 대해 이야기할 수 있는 기회를 제공합니다. 평소 소극적이고 말수가 적은 학생들도 자신이 좋아하는 것에 대해 이야기를 할 때는 눈이 반짝이고 적극적인 모습으로 변하는 모습을 쉽게 볼 수 있습니다. 하루는 영어 수업 시간에 학생들이 많이 긴장해 있는 것 같아서 분위기를 풀어 보고자 혹시 반려동물을 기르는 학생이 있는지 가벼운 질문을 던졌습니다. 그러자 그 반에 강아지나 고양이, 물고기 등 반려동물을 기르는 학생들이 번쩍 손을 들었습니다. 저는 그 학생들에게 자신의 반려동물을 소개해 줄 수 있는지 물었고 학생들은 동물을 데려와 카메라에 비추면서 반 친구들에게 소개해 주었습니다.

그 학급 학생들은 평소 매우 조용하고 표정이 별로 없는 편이었는데 그 순간만큼은 모두 활짝 웃으며 진심으로 즐거워하는 모습을 보였습니다. 그렇게 분위기가 살아난 후에는 수업도 훨씬 밝은 분위기 속에 원활하게 이루어졌습니다. 수업 이후에도 많은 학생들이 종종 그 학생들의 반려동물에 관심을 보였고, 저도 그 학생들과 만날 때면 반려동물의 안부를 물으며 서로 이야기할 수 있는 소재가 생겨 친밀감을 쌓는 데 큰 도움이 되었습니다. 이처럼 학생들이 자신이 좋아하고 관심 가는 것에 대해 이야기할 수 있는 기회를 주면 학생들이 평소보다 훨씬 자신 있고 활기찬 모습으로 변하는 것을 볼 수 있고, 학급 학생들이 서로에 대해 더 관심을 가질 수 있는 계기가 될 수 있으므로 매우 추천하는 활동입니다.

셋째, 사소한 것이라도 학생들의 좋은 점을 찾아 적극적으로 칭찬합니다.
수업을 하다 보면 우리는 자꾸만 학생들의 부정적인 행동에 눈길이 갑니다. 특히 실시간 쌍방향 수업을 할 때는 학생들이 대면 수업보다 발표도 선뜻 잘하지 않고, 화면 밖으로 자꾸 숨으려는 모습을 보여 줍니다. 하지만 교사가 엄하게 대할수록 학생들은 더 많이 위축되고 선생님과 함께하는 시간이 긴장되고 즐겁지 않게 됩니다. 그러므로 학생들이 잘못하는 점을 지적하기보다는 조금이라도 좋은 행동을 했을 때 그 행동에 적극적으로 반응하고 칭찬과 감사의 메시지를 전달하는 것이 중요합니다. 예를 들어 선생님이 학생들에게 질문을 던졌는데 아무도 대답을 하지 않다가 한 아이가 늦게 채팅창에 답을 올렸습니다. 그러면 선생님은 "한 명 빼고 왜 아무도 대답을 안 하죠? 선생님 혼자 수업하는 것 같구나."라며 학생들을 나무라기보다 답변을 한 학생을 적극적으로 칭찬해 주는 것이 좋습니다. "우와! ○○아, 네 생각은 그렇구나. ○○이가 용기 내어 답변해 주어서 정말 고마워. 수업을 이끌어 나가는 데 큰 도움이 되었어." 하고 그 학생을 적극적으로 칭찬해 주면 그 다음 질문부터는 더 많은 학생들이 대답하는 모습을 볼 수 있습니다. 수업 중에 학생들을 칭찬할 때는 답이 맞거나 틀린 것에 집중하기보다 학생들의 다양한 생각을 수용하고, 열심히 참여하는 태도를 높이 평가해 주는 것이 좋습니다. 평소 선생님이 이렇게 긍정적이고 수용적인 분위기를 만들어 주면 학생들도 학급에서 더 편안한 마음으로 자신을 드러낼 수 있고, 누군가 실수하더라도 비난하지 않고 응원해 주는 건강한 모습으로 자라날 수 있게 됩니다.

넷째, 수업 활동으로 짝, 모둠 활동을 적극 활용합니다. 학생들이 수업 중에 짝, 모둠에서 협력하는 경험을 많이 쌓으면 서로 간의 관계가 깊어지고, 사회성이 길러집니다. 교사 주도의 수업보다 학생들이 주도적으로 이끌어 나가며 서로 협력하는 수업이 교육적으로 훨씬 좋다는 사실을 우리는 머리로는 너무나 잘 알고 있습니다. 하지만 자꾸 학생들에 대한 의심이 생깁니다. 특히 실시간 쌍방향 수업은 교사가 학생들의 모습을 한눈에 파악하기 어렵다 보니 소회의실에 학생들을 보내 놓고 짝, 모둠 활동을 시키면 자기들끼리 떠들고 놀 것만 같고 제대로 활동이 안 될 것 같은 불안감이 듭니다. 하지만 교사는 학생들의 가능성을 믿고 학생들끼리 서로 협력하여 과제를 해결할 수 있는 기회를 충분히 제공해야 합니다.

학생들이 교사 없이도 적극적으로 활동에 참여하도록 하기 위해서는 수업 계획 단계에 학생들을 포함시키는 것이 좋습니다. 매번 그렇게 할 수는 없겠지만 가끔씩은 프로젝트 활동을 계획하여 학생들이 주도적으로 프로젝트의 주제를 선택할 수 있도록 합니다. 그러면 대부분의 학생들이 훨씬 더 적극적으로 수업 활동에 참여하는 모습을 볼 수 있습니다. 그리고 교사가 준비한 활동을 학생들에게 제시할 때는 이 활동을 어떻게 하는 것인지 정확하게 이해할 수 있도록 여유와 인내심을 가지고 지도해야 합니다. 활동의 예시를 보여 주며 단계별로 차근차근 설명하고, 그 내용들을 기억할 수 있도록 간단하게 정리된 자료를 제공하는 것이 좋습니다. 그리고 짝, 모둠 활동 중에는 학생들이 언제든지 교사나 다른 학생들에게 질문하고 도움을 요청할 수 있도록 오픈 카톡과 같은 소통 창구를 열어 두는 것이 좋습니다. 교사가 소회의실마다 옮겨 다니며 도움을 줄 수도 있지만 동시에 여러 팀에게 도움을 주기는 힘들기 때문입니다. 그리고 모둠 활동이 성공적으로 이루어지기 위해서는 학생들의 역할 분배가 잘 이루어져야 합니다. 예를 들어 모둠 내에서 한 명씩 돌아가며 자신의 생각을 말하는 활동을 할 경우에는 소회의실로 보내기 전에 누가 모둠 내 사회자 역할을 맡을지 꼭 정해 주어야 합니다. 그래야 학생들이 누구부터 이야기할지 머뭇거리다 활동을 제대로 하지 못하게 되는 문제를 막을 수 있습니다. 또 모둠원이 서로 협력하여 과제물을 제작해야 하는 경우에는 모둠원이 각각 어떤 역할을 맡을 것인지 계획하는 과정에 교사의 지도가 꼭 필요합니다. 그렇지 않으면 소수의 학생들만 고생하고 나머지는 무임승차하여 모둠 활동 후에 학생들의 관계가 더 나빠질 수 있기 때문입니다.

◐▬ 개별 연락 및 피드백으로 소통하기

등교 일수가 줄어들고 친구들과도 이전처럼 마음 편하게 놀지 못하는 어려운 시기를 보내고 있는 학생들에게 선생님의 따뜻한 말과 격려는 큰 힘이 될 수 있습니다. 그래서 저는 교사가 학생들에게 제공하는 긍정적인 개별 피드백이 학습적인 측면에서뿐만 아니라 정서적인 측면에서도 매우 중요하다고 생각합니다.

온라인 수업 기간에는 서로 대면하여 소통하는 기회가 적은 만큼 평소 과제물 아래에 남겨 주는 코멘트, 온라인 학급방을 활용한 댓글 및 채팅 소통, 개별 전화 연락을 통해 학생들에게 긍정적인 메시지를 전하고 관심을 표현해 주는 것이 필요합니다. 저는 학생들의 과제를 검사할 때 개별 피드백을 통해 학생의 개성과 창의성이 돋보이는 부분, 스스로 노력한 모습이 보이는 부분을 적극적으로 칭찬해 주고 틀렸거나 잘못한 부분은 '이 부분은 ~하는 것이 옳으니 기억해 두면 좋겠습니다 ^^.'와 같이 부드러운 말투로 수정해 주었습니다. 2020년도에는 교과 전담이어서 120명이 넘는 학생들에게 피드백을 해야 했기 때문에 일을 하다 지칠 때면 '과연 학생들이 내 피드백을 제대로 읽을까?'라는 생각이 들기도 했습니다. 그런데 제가 과제 피드백을 올리기 시작하면 과제 제출을 안 하고 있었던 학생들도 과제를 해서 올리는 것을 보고, 제 피드백을 신경 쓰고 있다는 사실을 알 수 있었습니다.

또 한 번은 학생들과 어떤 프로젝트를 진행하게 되어 오픈 카톡 방에서 만날 기회가 있었습니다. 그때 카톡 방에서는 주로 프로젝트와 관련한 이야기를 나누었지만, 이용 시간과 온라인 대화 예절을 지키는 범위 내에서 학생들이 자신의 일상이나 개인적인 이야기들도 조금씩 나눌 수 있는 여지를 주었습니다. 그때 한 학생이 자신이 그린 그림을 사진으로 찍어 보여 주었고 저와 다른 학생들이 멋지다고 칭찬을 해 주었습니다. 사실 그 학생은 평소 실시간 쌍방향 수업 시간에 카메라를 자주 끄고 잘 참여하지 않는 모습을 보이곤 했었는데 그날 오픈 카톡 방에서 그림 이야기를 나눈 후부터는 훨씬 더 열심히 참여하는 모습을 보여 주었습니다. 그때 저는 '수업을 하기 전에 관계가 우선이다.'라는 말이 가슴 깊이 와 닿았습니다.

그리고 담임 교사는 학급 내 개별 학생들에게 더 깊은 관심을 가지고 적극적으로 소통하며 학생들이 건강하게 학교 생활을 할 수 있도록 많은 도움을 주어야 합니다. 과거에 담임을 맡았을 당시 저는 학생들의 일기장이나 과제를 검사하면서 학생들의 개인적인 경험이나 생각이 드러나는 부분에서 인상 깊은 점들을 학생 명부에 따로 기록해 두었습니다. 학생이 좋아하는 것, 최근 관심사, 장래 희망, 가족이나 친구와의 관계 등 학생이 중요하게 생각하는 부분들을 기억해 두었다가 개별적으로 대화할 일이 생겼을 때 그 소재들을 가지고 대화를 이끌어 나갔습니다. 그러면 학생들은 '선생님이 나에 대해서 어떻게 이렇게 잘 알고 있지?' 하고 놀라는 모습을 보였습니다. 이렇게 행동했을 때 좋은 점은, 학생들이 선생님에게 높은 호감과 신뢰감을 가지게 되어 학교생활이나 교우 관계에서 어려운 점이 생겼을 때 좀 더 쉽게 마음을 터놓고 선생님에게 도움을 요청하게 된다는 것입니다. 그러면 선생님은 학생들의 문제를 일찍 파악하고 알맞은 도움을 줄 수 있게 됩니다. 온라인 학습 기간에는 학생들의 학업 문제 및 교우 관계 문제가 교사에게 잘 보이지 않는 채로 심화되는 경우가 많기 때문에 교사가 평소 학생과 자주 소통하면서 친밀감을 쌓고, 선생님은 필요한 경우 도움을 청할 수 있는 조력자라는 믿음을 심어 주는 것이 중요합니다.

학부모와 상담하기

코로나 19로 인해 학생들이 학교에 가지 못하고 집에 머무르는 시간이 길어지자 학부모님들의 걱정과 피로감이 날로 커졌습니다. 처음에는 아이의 건강을 위해 등교를 하지 않는 것이 맞다고 생각을 했지만 아이의 생활 패턴이 점점 무너지고, 학업에도 게을러지는 모습을 보면서 큰 스트레스를 받게 됩니다. 또 사춘기를 맞은 아이와 집에 하루 종일 같이 붙어 있다 보니 사소한 일로 끊임없이 부딪혀서 도대체 어떻게 해야 할지 모르겠다며 학교로 전화를 걸어 눈물을 흘리는 부모님도 있었습니다. 부모님들도 처음 부모가 되었기 때문에 아이가 자라나며 겪는 모든 일들이 생소하고 힘이 듭니다. 이전에 큰아이를 이미 키워 보았던 부모님들도 둘째 아이의 성향이 첫째 아이와 완전히 달라 예전에 사용했던 훈육 방법이 전혀 통하지 않는다며 혼란스러워하기도 합니다.

이 장에서는 온라인 수업 기간에 학부모님들이 자주 상담하는 문제의 유형들과 교사로서 부모님들께 할 수 있는 조언들을 소개하려 합니다.

온라인 수업 기간에 학부모님들이 자주 하는 질문

학부모님들이 자주 하는 질문 위주로 정리하였는데 학생들의 성향, 가정 환경 등 내·외부적 조건에 따라 문제의 해결책은 조금씩 달라질 수 있으므로 책에 실린 내용과 본인이 파악한 학생의 특징을 잘 접목하여 적절한 상담을 할 수 있었으면 합니다.

◐ 규칙적인 습관과 자기 주도 학습 능력은 어떻게 기르나요?

학생들의 문제 상황

등교하지 않는 날이 많다 보니 아이의 취침과 기상 시간이 이전에 비해 매우 늦어졌고 생활 패턴이 무너져 늘 피곤해하는 모습을 보입니다. 또, 온라인 수업은 등교 수업보다 일찍 끝나다 보니 자기 시간은 더 많아져 컴퓨터, 스마트폰 게임을 하거나 유튜브 등 오락 매체를 보며 노는 시간이 더 길어졌습니다. 노는 시간이 길어지니 공부하는 시간이 더 지겹고, 숙제도 자꾸 미루게 되었습니다.

교사의 조언

규칙적인 생활 습관을 가지기 위해서는 매일 정해진 시간에 잠들고 일어나도록 가정 내에서 규칙을 세우는 것이 필요합니다. 어린아이라면 부모가 일방적으로 정한 규칙을 따르도록 할 수도 있겠지만, 기본적으로 아이들이 규칙을 잘 지키도록 하기 위해서는 스스로 규칙을 정하는 것이 중요합니다. 아이와 대화를 통해 수면 시간을 정하는데, 취침 시간은 성장에 방해를 받지 않도록 가능한 한 10시~11시 이전에는 잠들 수 있도록 하고 본인에게 맞는 수면 시간을 정해 아침에 좋은 컨디션으로 기상할 수 있도록 합니다. 아침에 일어나면 이부자리를 정리한 후 씻고 활동복으로 갈아입으며 하루를 시작하는 준비를 해야 합니다. 아이가 이렇게 작은 행동들을 습관으로 만들어 나갈 때 부모님의 적극적인 칭찬과 격려가 많은 도움이 됩니다.

그리고 하루 중에 아이가 가족의 일원으로서 가정 일에 참여할 수 있는 기회를 주는 것이 좋습니다. 이 또한 아이가 스스로 시간을 정하도록 하는 것이 좋은데 매일 10분간 방을 청소한다거나 어머니를 도와 식사 준비나 정리를 돕는 등 큰 부담이 되지 않는 선에서 자기 스스로 가정 일에 꾸준히 참여할 수 있도록 합니다. 이런 활동은 아이가 매일 성취감을 느낄 수 있도록 하기 때문에 생활 습관을 만드는 데 많은 도움이 됩니다. 학급에서 학생들에게 1인 1 역할을 주고 학급 관리에 참여하도록 하는 것도 동일한 맥락이라고 생각하면 됩니다.

자기 주도적으로 학습하기 위해서는 먼저 학생 스스로 하루에 무엇을 얼마나 공부해야 하는지 정확한 계획이 있어야 합니다. 스스로 이런 계획이 세워져 있지 않으면 당연히 학교나 학원에서 내 주는 숙제가 없이는 공부를 하지 않게 됩니다. 우선 학교에서 배우는 교과서들을 펼치고 교과별로 이번 학년에 어떤 주제를 공부하게 되는지 목차를 꼼꼼히 살펴봅니다. 그리고 학교의 학기별 진도나 평가 진도에 맞게 공부해야 하는 분량을 확인한 후 월별, 주별, 일별 계획을 세웁니다. 월별로 대략적으로 끝내야 하는 공부 분량을 정하고, 이번 달의 주별 계획을 잡은 후 거기에 맞게 일별 계획을 세우는데, 이때 아이 스스로 평소 공부하는 속도 및 능력을 고려하여 너무 무리한 계획을 잡지 않도록 어른의 도움이 필요할 수 있습니다. 공부 계획은 반드시 시간이 아니라 하루에 해내야 하는 분량으로 짜야 합니다. 그리고 자신 있는 과목과 부족하다고 생각하는 과목의 분량을 적절히 조절하여 자신 없는 부분에 조금 더 많은 노력을 기울일 수 있도록 합니다.

　그렇게 공부 계획을 실천하고 주말에는 한 주 동안의 실천 결과를 살펴보며 그 다음 주 계획에 반영해야 합니다. 자신의 계획이 너무 무리한 것 같았다면 분량을 적절히 조절하여 실천 가능한 계획을 세울 수 있도록 합니다. 만약 아이가 계획만 세워 두고 실천은 하나도 하지 않는다면 시간이 흐를수록 아이의 자기 효능감이 크게 떨어지고 공부에 대한 부담감만 커져서 계속 할 일을 미루는 문제가 발생할 수 있습니다. 따라서 습관이 잡히는 약 두 달간의 기간은 반드시 해야 할 공부를 마치고 놀 수 있도록 부모님이 확인하는 것이 필요합니다. 아이가 할 일을 모두 마치고 휴식을 취하는 것에 대해서는 부모님이 간섭을 하지 않아야, 아이가 더 자기 주도적으로 자신의 생활을 관리할 수 있게 됩니다.

🔘 온라인 수업을 집중해서 듣게 하려면 어떻게 해야 하나요?

학생들의 문제 상황

　아이가 온라인 수업을 들을 때는 대면 수업을 할 때보다 집중력이 많이 떨어진 모습을 보입니다. 수업을 듣다가 다른 창을 띄워 두거나 게임을 하면서 딴짓을 하는 경우가 많습니다. 수업을 듣고 나서도 무엇을 배웠는지 제대로 알지 못합니다.

교사의 조언

　온라인 수업은 화면을 보며 혼자 공부해야 하는 특성상 지루하게 느껴지고 집중하기 어려운 것이 사실입니다. 그리고 딴짓을 해도 교사의 눈에 쉽게 띄지 않고, 다른 사람의 눈치를 보지 않아도 되기 때문에 수업을 방해하는 다른 유혹거리에 쉽게 빠지게 되지요. 온라인 수업을 집중해서 듣기 위해서는 온라인 수업 날도 학교에 가는 날처럼 아침에 일찍 일어나 수업을 들을 준비가 되어 있어야 합니다. 수업 10분 전에 일어나 비몽사몽인 학생이 수업에 제대로 집중할 수 없는 것은 당연한 일입니다. 따라서 일찍 일어나 씻고, 옷을 갈아입고 가벼운 식사를 하여 몸과 마음을 깨워 두어야 수업에 집중할 수 있습니다. 그리고 온라인 수업을 듣기 전에는 주변에 방해되는 물건을 모두 치워 손에 닿지 않는 곳에 두어야 합니다. 스마트폰이나 만화책, 장난감 등 공부에 방해가 되는 물건이 있으면 쉽게 한눈을 팔게 됩니다.

수업에 제대로 집중하려면 수업 영상이나 실시간 쌍방향 수업 속 선생님과 적극적으로 소통하려는 마음가짐을 갖고 수업에 임해야 합니다. 선생님이 하는 말을 공책에 필기하고, 수업 중 중요한 단어를 소리 내어 따라 하거나, 선생님이 묻는 질문에 대답을 하면서 수업을 들으면 자연스럽게 수업에 집중하게 됩니다. 초등학생들의 경우 많은 학급에서 배움노트를 작성하는데 이 노트 필기를 하면서 수업을 들으면 집중력을 높이고, 학습 내용을 정리하는 데 많은 도움이 됩니다. 온라인 수업을 여러 시간에 걸쳐 오래 듣는 경우에는 중간중간에 방 안 환기를 시켜 신선한 공기를 마시는 것도 중요합니다. 그리고 한 번씩 일어나서 몸을 움직여 스트레칭을 해 주면 떨어지는 집중력을 다시 끌어올리는 데 많은 도움이 됩니다.

◑ 아이와 하루 종일 같이 있으니 자꾸 부딪히게 됩니다. 어떻게 해야 좋은 관계를 유지할 수 있을까요?

학생들의 문제 상황

아이가 나태하게 생활하는 모습을 볼 때마다 자꾸 화가 나고 답답합니다. 꾹꾹 참다가 한마디 말을 던지면 쏘아 붙이는 말투로 말대꾸를 하고 자기 방에 들어가 문을 닫고 하루 종일 나오지 않습니다.

교사의 조언

우선 아이와 자주 부딪히는 상황을 떠올려 보고 그것이 실제 아이의 행동에 큰 문제가 있어서 발생한 상황인지 돌이켜 봐야 합니다. 많은 가정에서 부모가 막연한 걱정과 불안 때문에 아이에게 자꾸 간섭하고 부정적인 말을 해서 갈등이 발생하곤 합니다. 이때는 문제 상황의 원인이 아이가 아닌 어른에게 있다는 것을 자각하고 아이와 적당한 거리를 두는 것이 필요합니다. 적당한 거리를 두고 아이에 대한 믿음을 보여줄 때 아이도 안정감을 가지고 자기 관리를 더 잘할 수 있습니다.

실제로 아이의 생활이 크게 망가졌거나, 문제가 있을 때는 아이와 깊이 있는 대화를 통해 문제를 조금씩 해결해 나가야 합니다. 부모의 뜻대로 아이를 강압적으로 바꾸어 놓으려고 하기보다는 부모가 아이를 얼마나 사랑하고 아끼는지 느끼게 해 주고, 걱정되고 안타까운 마음이 드는 점들에 대해 부드럽게 이야기를 전달합니다. 그리고 아주 작은 단계부터 천천히 다시 건강한 모습으로 돌아갈 수 있도록 아이와 작은 목표를 정하고 하나씩 노력해 가는 것이 필요합니다. 이 과정을 성공적으로 해낸다면 아이의 자아 효능감도 높아져 미래에도 이 성공 경험으로부터 꾸준히 긍정적인 영향을 받게 될 것입니다.

포스트 코로나 시대에
우리가 나아가야 할 방향

▶ 온라인 수업에 대한 반성과 성찰

2020년 한 해는 제 교사 인생에서 정말 잊지 못할 한 해였습니다. 아이들이 학교에 오지 않는 믿을 수 없는 상황에 맞닥뜨려야 했고, 매일 같이 카메라 앞에서 수업 영상을 찍고, 화상 회의로 학생들과 수업을 하게 되었습니다. 상상조차 해 본 적 없는 일이었습니다.

나름대로 열심히 온라인 수업을 만들었고, 그런 제 노력을 출판사에서 알아 주셔서 이렇게 온라인 수업에 대한 책도 쓰게 되었습니다. 하지만 아쉬웠던 점도 많이 있습니다.

가장 아쉬웠던 점은 제가 개별 학생들의 수준에 맞는 맞춤형 수업을 제공하지 못했던 점입니다. 저는 아이들이 어려워하는 영어를 재미있고 이해하기 쉽게 전달하기 위해서 수업 영상을 창의적으로 제작하려고 애썼습니다. 한 영상을 만드는 데 15시간이 넘는 시간을 투자한 적도 많았고 실제로 많은 아이들이 그 영상들을 좋아해 주었습니다. 하지만 한 해를 보낸 후 들었던 생각은 그때 온라인 수업 하나를 제작하기 위해 그렇게 긴 시간과 노력을 들이는 것보다 조금 더 간편한 방법으로 영상을 제작하고 남는 시간은 영어 학습 결손이 누적된 학생들을 위한 맞춤형 자료를 만드는 데 썼으면 더 좋지 않았을까 하는 것이었습니다.

제가 그 학생들을 위해서 했던 일은 수업 이해를 돕기 위해 영어 수업 영상에 한글 자막을 넣어 주었고, 과제를 수행할 때 어려움을 덜 수 있도록 도움 자료와 수준별 활동지를 제시한 것입니다. 하지만 이미 학습 결손이 누적된 학생들의 부족한 점을 완전히 채워주기에는 이런 방법만으로는 부족했다는 생각이 듭니다.

사실 등교 수업을 할 때는 한 반에서 다 같이 수업을 진행해야 하니 맞춤형 교육과정을 진행하기가 어려운데 어찌 보면 온라인 수업 교육과정은 학생들의 수준에 맞는 자료를 제공하기에 훨씬 좋은 환경이 될 수 있었다는 생각이 듭니다. 그 기회를 제대로 이용하지 못했다는 생각이 들어 많은 아쉬움이 남고, 새로운 학생들과 온라인 수업을 진행할 때는 좀 더 학생들의 수준에 맞는 맞춤형 수업 자료를 준비하고, 그에 맞는 개별 피드백을 제공하여 학업에 어려움을 겪고 있고, 자신감을 잃은 학생들에게 실질적인 도움을 줄 수 있는 교육과정을 운영하고 싶다는 생각이 들었습니다.

두 번째로 크게 아쉬움이 남는 점은 제가 다른 선생님들과의 협업이 부족했다는 점입니다. 담임이 아니라 교과 전담이었기 때문에, 그리고 과목이 영어라서 협업하기 쉬운 상황이 아니었다는 평계를 댈 수 있지만 다른 학교의 사례를 보면 동학년 선생님들이 함께 온라인 수업 계획을 세우고, 서로 협업하여 프로젝트 수업을 하거나, 융합 수업을 진행하는 경우도 많이 볼 수 있었습니다. 하지만 저는 저 혼자만의 영어 수업 교육과정을 운영해 나가느라 바빴고, 동학년 선생님들과 함께 수업을 만드는 일은 불가능한 일일 것이라고만 생각했습니다. '우리 동학교 선생님들은 얼굴을 드러내고 영상을 찍지 않으시니까 이런 활동은 부담스러워하실 거야.'라는 생각만 했고 한 번도 먼저 선생님들께 제안해 보지 않았습니다. 기존에 함께 학교 생활을 하면서 다들 열심히 학급 경영을 하였고, 학생 지도에도 열의가 많은 분들이라는 것을 잘 알고 있었는데도 불구하고 말입니다. 1학기 때 동학년 선생님 중에 평소에 가깝게 지내던 한 선생님께서 온라인 수업 촬영을 할 때 혹시 도와줄 일이 있으면 편하게 부르라고 한 적도 있었는데 도움을 청하는 것이 부담스러워서 혼자서만 수업을 이어 갔던 것이 후회도 되고 안타까웠습니다. 여러 6학년 담임 선생님들과 함께 아이디어를 모아 다양한 수업을 만들어 보았다면 선생님들에게도, 학생들에게도 더 의미 있고 재미있는 수업이 많이 만들어졌을 것이라는 생각이 듭니다. 이 문제의 원인을 되짚어 보니 저는 다른 선생님들께 함께 해 보지 않겠냐고 먼저 손 내밀며 다가갈 용기가 부족했고, 어려운 문제를 다른 사람들과 함께 해결해 나가려는 노력이 부족했던 것 같습니다.

앞으로는 제가 조금 더 많이 알고 있고 할 수 있는 일이 있다면 '여러분, 이런 방법도 있어요!' 하고 사람들 앞에 길을 밝혀 주고, 혼자서가 아니라 다 함께 더 재미있고 의미 있는 일을 해 보자고 제안하고 싶습니다.

▶ 어른들의 생각이 바뀌어야 아이들이 자란다

최근 많은 교육 방송 매체들마다 포스트 코로나 시대를 살아가는 우리가 어떻게 바뀌어야 더 발전할 수 있을지 질문을 던집니다. 저는 2020년에 온라인 개학 상황을 겪으면서 우리 사회는 두 가지 측면에서 적극적으로 변화해 나가야 한다는 생각을 했습니다.

첫째로 우리 사회는 학생들의 올바른 성장과 발전을 위해 통제보다 교육에 초점을 두는 사회로 변화해야 합니다. 이번 온라인 개학 때 우리는 학교가 그동안 인터넷과 정보 기기를 활용하는 것에 매우 보수적이고 통제적이었다는 것을 깨닫게 되었습니다. 십여 년간 우리는 한국이 IT 강국이라고 믿었고, 세계에서 가장 인터넷이 빠른 국가 중 하나라고 생각했습니다. 하지만 한국의 학교는 보안을 지킨다는 명목으로 각종 포털 사이트 접속이 제한되어 있었고, 와이파이 설치 또한 금지되어 있었습니다. 그 탓에 온라인 개학을 했을 때 많은 선생님들은 여러 인터넷 제한과 설비 부족 문제로 온라인 수업을 계획하는 데 난항을 겪었습니다. 그제서야 교육부는 급히 각 학교에 걸려 있던 포털 사이트 제한을 풀었고, 2021년에는 전국의 학교에 와이파이 설비를 확충해 나가겠다고 발표했습니다. 그 발표를 들으니 예전에 학교 태블릿 PC로 학생들과 프로젝트 수업을 하려고 했지만, 교실에 와이파이 설치가 되어 있지 않아 수업을 포기해야만 했던 일이 떠올랐습니다.

현 교육과정은 우리 학생들이 4차 산업 혁명 시대를 맞아 미래 역량을 갖춘 인재로 성장해야 한다고 강조합니다. 저는 현 시대의 학생들이 꼭 갖추어야 하는 미래 역량 중 하나가 인터넷 세상 속 미디어를 올바르게 활용하고 생산할 수 있는 능력이라고 생각합니다. 따라서 현재 우리 학생들에게 꼭 필요한 것은 미디어를 비판적으로 이해, 판단하고 자신의 생각 또한 책임감을 가지고 올바르게 표현하는 능력을 갖추는 것입니다. 이러한 능력을 길러주는 미디어 리터러시 교육이 학교 현장에서, 그리고 가정에서 적극적으로 이루어지기 위해서는 어른들의 생각이 먼저 변화해야 합니다. 아이들을 인터넷 속 미디어에 노출시켰을 때 발생할 수 있는 안 좋은 점에만 초점을 맞추어 통제하고 제한해서는 더 발전할 수 없습니다. 통제만 하기보다는 올바른 미디어 리터러시 교육을 꾸준히 실천했을 때 학생들이 스스로 건전한 미디어를 소비하고 생산할 수 있는 능력이 길러질 것이라고 믿고 더 효과적인 교육 방법을 찾는 데 초점을 맞추어야 우리 아이들이 진정 미래 사회에 필요한 역량을 갖춘 인재로 성장해 나갈 수 있을 것입니다.

둘째로 우리는 서로 더 신뢰하고 협력하는 사회로 나아가야 합니다. 이번 코로나 19 사태는 그 누구도 예상하지 못한 일이었습니다. 모든 이가 처음 겪는 상황이었기에 어떻게 문제를 해결해 나가야 할지 갈피를 잡기 어려웠습니다. 이때 학교 운영에 관한 모든 사항을 교육부에서 짧은 기간 내에 결정하고 실행해 나가야 했습니다. 그 과정에서 많은 혼선이 빚어졌고 많은 사람들이 교육부의 결정을 비난하고 때로는 조롱했습니다. 부끄럽지만 저 또한 교육부에서 초반에 끊임없이 지침을 수정해 내렸을 때는 도대체 일을 왜 이렇게 하나며 분통을 터뜨리기도 했습니다.

시간이 흐를수록 사람들은 지쳐 갔고, 비난의 화살은 점차 더 가까운 학교와 교사에게로 따갑게 날아들었습니다. 외부에서 보기에는 학교가 수업을 대충 하고, 아무 일도 안 하고 있다고 생각했겠지만 사실 실상을 들여다보면 선생님들은 매일 학생들의 건강 상태 결과를 체크하고, 수시로 걸려 오는 학생, 학부모의 전화 문의에 응대하고, 수업을 만들고, 학생들의 과제에 피드백하면서 바쁜 시간을 보내고 있었습니다. 코로나 19로 인해 돌봄교실 운영과 같이 특수 상황에 처한 업무들은 업무량이 기존의 2~3배 이상 증가해 교사들이 고통을 호소하기도 했습니다. 이런 과정을 겪어 보니 서로 깎아내리고 비난하는 것은 문제를 해결하는 데 전혀 도움이 되지 않으며 오히려 사회 구성원들 사이에 불신과 미움만을 증가시킨다는 것을 느꼈습니다. 따라서 어려운 상황일수록 서로를 깎아내리기보다 각자가 처한 어려운 상황을 이해해 주고, 공감해 주는 것이 문제 해결을 위한 힘을 북돋는 데 많은 도움이 된다는 것을 알게 되었습니다. 또한 어떤 문제가 발생했을 때 서로 누구의 잘못이라고 책임을 미루기보다 이 문제를 어떻게 해결할 수 있을지 함께 해결 방법을 고민하는 사회가 훨씬 더 건강한 사회일 것이라는 생각이 들었습니다. 이처럼 각계각층의 어른들이 서로 다른 처지에 있는 사람들을 배려하고 신뢰하며, 함께 협력할 수 있는 길을 적극적으로 찾아 나가는 모습을 보여 줄 때 그 모습을 보고 자라는 우리 아이들도 더 건강하고 따뜻한 마음을 가진 사람으로 성장해 우리 사회를 더 아름답게 발전시켜 나갈 수 있을 것이라는 생각이 듭니다.